全国统计科学研究项目重点课题"我国制造业产业链韧性的统计测度研究"
（2020LZ02）的最终成果

曾绍伦 张頔/著

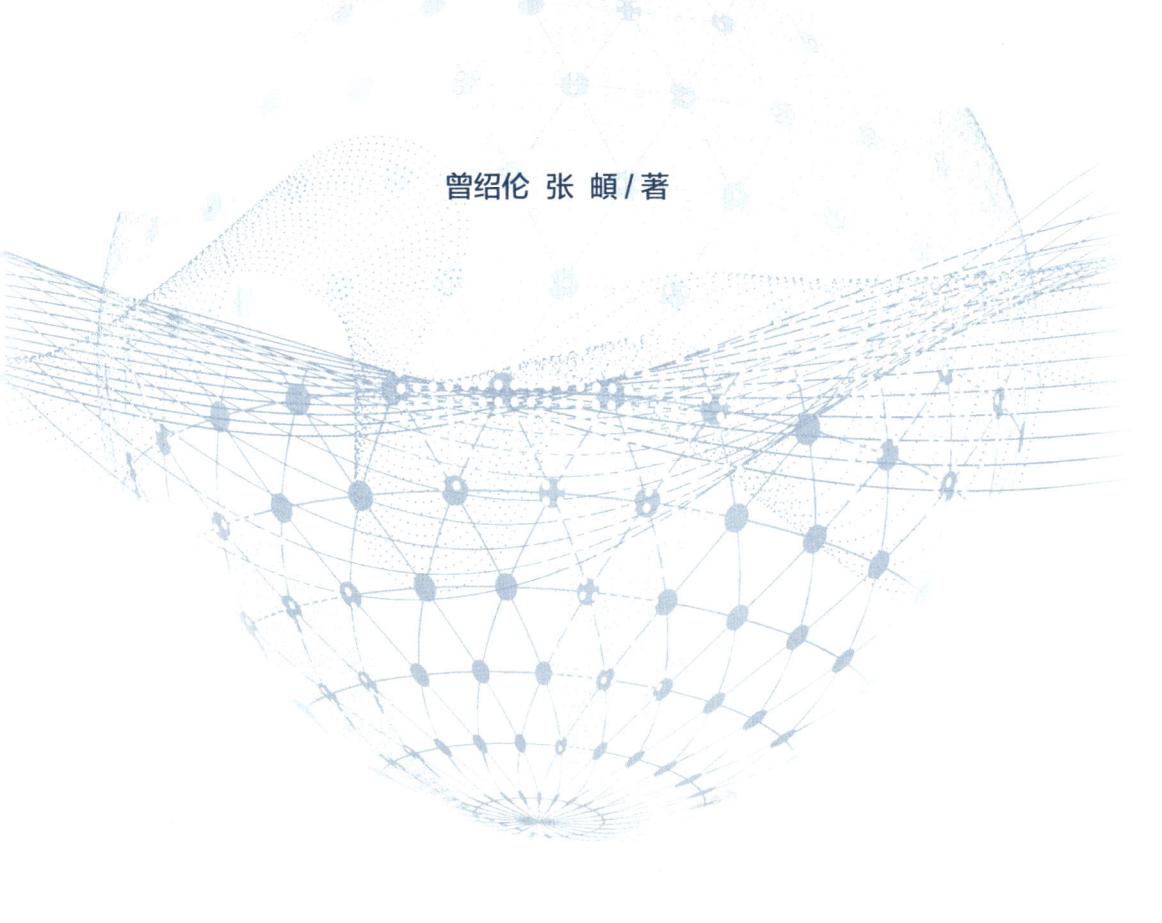

产业链韧性
基于中国制造业的统计测度

INDUSTRIAL CHAIN
RESILIENCE

STATISTICAL MEASUREMENT BASED ON
CHINA'S MANUFACTURING INDUSTRY

社会科学文献出版社
SOCIAL SCIENCES ACADEMIC PRESS (CHINA)

前　言

我国制造业产业规模已连续10余年居全球第一，但总体上仍处于全球价值链的中低端，在部分核心零部件与核心技术方面仍受制于人。2019年8月26日召开的中央财经委员会第五次会议强调，我国制造业要"以夯实产业基础能力为根本，以自主可控、安全高效为目标""打造具有战略性和全局性的产业链""增强产业链韧性，提升产业链水平"。外部环境的变化和社会公共事件的突发，迫使我们重新审视我国制造业产业链维持自身系统稳定、防止断裂和抗冲击抗风险的能力。可以说，提升制造业产业链韧性既是制造业发展的内在需要，也是推进制造业供给侧结构性改革、提升制造业应对突发风险的能力、增强制造业国际竞争力和实现实体经济高质量发展的关键和紧迫任务。

据此，如何落实"增强产业链韧性"这一决策部署成为理论界和实务界关心的重要命题。那么，产业链韧性的内涵特征是什么？产业链韧性如何统计测度？我国制造业产业链韧性是怎样的？如何增强制造业产业链韧性？这些都是亟待回答的问题。2020年，笔者获批立项全国统计科学研究项目重点课题"我国制造业产业链韧性的统计测度研究"（课题批准单位：国家统计局；课题编号：2020LZ02），对上述问题进行了系统深入的研究，本书即该课题研究的最终成果。

在课题研究进程中，课题组完成了《产业链韧性研究进展与展望》《中国省域制造业产业链韧性测度及时空演化研究》《中国制造业行业产业链韧性测度研究》等系列工作论文，课题负责人指导研究生完成《中国省域制造业产业链韧性测度及时空演化研究》（孙民明，贵州财经大学）、《中国制造业行业产业链韧性测度研究》（林蕴慧，贵州财经大学）、《全球价值链视角下中国制造业产业链韧性评价研究》（胡小英，四川轻化工大学）等硕士学位论文。同时，笔者为贵州商学院数字经济与商务数据智能分析重点实验室研究员，本书出版得到了贵州省高校哲学社会科学实验室试点建设资助（合同编号：黔教哲〔2023〕03号）。另外，在后续研究中，笔者于2024年获准立项贵州省理论创新招标课题"提升贵州产业链供应链韧性和安全水平研究"（编号：GZLCZB-2024-2），本书部分内容也是该项目的阶段性成果。需要说明的是，本书以制造业行业、省域数据和主要制造业国家或地区作为样本进行实证研究，可获取的数据时间序列较短，可能会对部分研究结果产生影响，这也是本书拟进一步深入研究的问题。

曾绍伦　张　顿
2024年2月28日于贵州商学院

摘 要

近年来，随着贸易争端、突发公共卫生事件以及潜在金融风险等不稳定、不确定性因素显著增加，国际循环出现局部性梗阻，卡链、断链现象全球蔓延，我国产业链供应链现代化面临新挑战。以产业链韧性为切入点研究产业链安全性、稳定性与自主可控性成为统计学、经济学、管理学等学科领域的热点问题。鉴于此，本书基于制造业产业链现代化的视角，对我国制造业产业链韧性进行统计测度和问题剖析，提出提升我国制造业产业链韧性的对策建议。

首先，依据产业关联理论将产业链韧性划分为产业链节点韧性与链条韧性，并依据韧性理论从抵抗力、恢复力、调整适应力、持续增长力维度构建制造业各行业产业链韧性测度指标体系，运用熵权优劣解距离法测度我国制造业各行业产业链韧性，并从节点韧性与链条韧性以及整体和各子系统角度具体分析研究期间其产业链韧性的演化特征，并提出我国制造业各行业产业链韧性提升路径。

其次，基于系统韧性视角，构建了包括内部生产韧性和外部适应韧性两个方面28个指标的评价体系和熵权-TOPSIS评价模型，以我国30个省（区、市）为研究样本，测度2011~2020年我国省域制造业产业链韧性指数，并对区域差异和维度得分进行比较分析；通过高斯核密度估计、自然间断点分级和探索性空间数据分析等方法判断分析其时空演化特征，探讨我国省域制造业产业链韧性水平差异、分布特征及提升路径。

最后，基于全球价值链视角，构建了包含抵抗力、恢复力、适应力和增长力四个维度的综合评价指标体系，选择经济与合作发展组织国家和金砖国家为样本，基于2012~2018年的面板数据，利用熵值法对样本国家制造业产业链韧性水平进行综合评价分析，并从制造业产业链整体韧性和抵抗力、恢复力、适应力、增长力维度提出相应的对策建议。

  本书关于制造业产业链韧性的研究既对韧性理论尤其是经济韧性理论进行了拓展，又为产业链韧性统计测度提供了新的模型与方法，不仅对制造业整体及具体行业，还对农业、工业和服务业的产业链现代化均具有很好的示范作用。本书可以为提升制造业各行业产业链水平提供路径借鉴，为地方政府夯实产业基础能力、打好产业基础高级化和产业链现代化的攻坚战提供对策建议，并为我国制造业突破低端锁定、防止脱钩断链、提升全球价值链地位提供决策参考。

目 录

第一章　绪论 ·· 001
 第一节　问题的提出 ·· 001
 第二节　国内外研究现状及评述 ································· 002
 第三节　研究目的与意义 ·· 016
 第四节　研究内容 ··· 017
 第五节　研究思路与研究方法 ···································· 019

第二章　制造业产业链韧性测度的理论依据 ················· 021
 第一节　韧性理论 ··· 021
 第二节　产业关联理论 ·· 032
 第三节　产业链理论 ··· 033
 第四节　全球价值链理论 ·· 035

第三章　中国制造业各行业产业链韧性测度 ················· 038
 第一节　测度指标体系构建 ·· 038
 第二节　产业链识别模型 ·· 044
 第三节　产业链韧性测度模型 ···································· 046
 第四节　数据来源及说明 ·· 049
 第五节　测度结果分析 ·· 050
 第六节　提升制造业各行业产业链韧性的对策建议 ········ 074

第四章　中国省域制造业产业链韧性及时空演化 ⋯⋯ 081
- 第一节　评价指标体系构建 ⋯⋯ 081
- 第二节　数据来源及处理 ⋯⋯ 090
- 第三节　综合评价模型 ⋯⋯ 092
- 第四节　测度结果及分析 ⋯⋯ 093
- 第五节　中国省域制造业产业链韧性时序演化分析 ⋯⋯ 100
- 第六节　中国省域制造业产业链韧性空间演化分析 ⋯⋯ 111
- 第七节　提升中国省域制造业产业链韧性的建议 ⋯⋯ 119

第五章　全球价值链视角下中国制造业产业链韧性评价 ⋯⋯ 126
- 第一节　评价指标体系构建 ⋯⋯ 126
- 第二节　模型与方法 ⋯⋯ 139
- 第三节　数据来源与处理 ⋯⋯ 146
- 第四节　结果与讨论 ⋯⋯ 147
- 第五节　中国制造业产业链韧性存在的问题讨论 ⋯⋯ 161
- 第六节　提升中国制造业产业链韧性的对策建议 ⋯⋯ 163

第六章　结论与研究展望 ⋯⋯ 169
- 第一节　研究结论 ⋯⋯ 169
- 第二节　研究不足与展望 ⋯⋯ 175

参考文献 ⋯⋯ 178

第一章 绪论

第一节 问题的提出

目前，我国制造业规模居全球首位，是全世界唯一拥有全部工业门类的国家；但我国制造业总体上仍处于全球价值链的中低端，大而不强的问题仍然突出——应对风险的能力不强、产业基础能力较弱、部分领域核心技术受制于人。党的十九大报告和党的二十大报告提出"深化供给侧结构性改革""加快建设制造强国""促进我国产业迈向全球价值链中高端""着力提升产业链供应链韧性和安全水平"等要求，明确了制造业高质量发展的目标和路径。一方面，在全球贸易争端的背景下，我国对产业链安全和抗风险能力的重视程度大大提升。2019年8月26日召开的中央财经委员会第五次会议强调，我国制造业要"以夯实产业基础能力为根本，以自主可控、安全高效为目标""打造具有战略性和全局性的产业链""增强产业链韧性，提升产业链水平"。党的十九届四中全会和2019年中央经济工作会议强调，要"提升产业基础能力和产业链现代化水平"。另一方面，外部环境的变化和社会公共事件的突发，迫使我们重新审视我国制造业产业链维持自身系统稳定、防止断裂和抗冲击抗风险的能力。可以说，提升制造业产业链韧性既是制造业发展的内在需要，也是提升制造业应对突发风险的能力、增强制造业国际竞争力和实现实体经济高质量发展的关键和紧迫任务。

第二节　国内外研究现状及评述

一　产业链的相关研究

（一）产业链的评价研究

根据对已有文献的梳理，以产业链为研究对象进行相关指标测度时，主要有以下三类思想。一是将产业链分成不同环节，主要从产业链上下游以及产业链不同环节两个方面刻画产业链特征。例如，卢泓钢等（2022）基于畜牧业产业链的结构，从上游、中游、下游的不同环节和资源化利用方面构建指标体系，分析湖北省畜牧业高质量发展水平的时空演化特征。王玲俊和王英（2016）则在上下游划分方法的基础上，认为一条完整的产业链应由节点和链条组合而成，并从节点风险和链条风险角度构建产业链风险指标体系，对我国装备制造业的产业链风险进行评价。此外，也有学者将产业链划分为设计研发、加工制造、流通销售等不同环节进行研究，如毛蕴诗等（2020）基于绿色发展、产品全生命周期[①]等相关理论，提出绿色全产业链可分为绿色设计与研发、绿色采购、绿色生产、绿色物流、绿色营销与回收再利用6个环节，在此基础上构建绿色全产业链评价指标体系，并以广东科达洁能股份有限公司为例对指标进行拟合。二是将产业链作为一个整体，从系统层面刻画产业链特征。例如，刘烈宏和陈治亚（2017）从产业链投入、产业链发展基础、产业链产出、产业链组织效率、产业链结构效率及产业链生产率维度构建初步的电子信息产业链竞争力评价指标体系，并通过问卷调查及结构方程模型对指标体系进行修正，修正后的指标体系舍去了

---

① 产品全生命周期是指一个产品从构想到出生、从报废到再生产的全过程。

产业链发展基础方面的指标。三是从经济、社会、环境的影响因素视角分析产业链特征。如崔兆杰等（2009）从市场、工艺技术、经济、资源、环境以及社会6个影响因素维度构建指标体系，并以山东省某铝电集团为样本，测算其产业链柔性度和稳定性等级。从上述产业链的评估分析中可以发现，既可以将产业链作为一个整体进行分析，也可以将产业链划分为不同环节展开讨论。但在现有研究中，产业链大多被模糊化处理。

（二）产业链的识别研究

产业链识别方法主要有经济距离法[①]、最小支撑树法以及基于投入产出系数[②]确定其上下游行业，由此刻画产业链。徐澈（2021）基于投入产出表第一象限中投入产出矩阵的列的每一元素与该元素所在行对应的"中间使用合计"的比值构建三角矩阵来识别产业链。而吕岩威（2014）、黄常锋等（2011）则通过比较产业间的投入产出系数与临界值的大小确定产业间的前后向联系，进而识别产业链。吕岩威（2014）认为，直接消耗系数和完全消耗系数分别大于临界值 a_0、b_0 则表明产业间有显著的后向关联关系，直接分配系数和完全分配系数分别大于临界值 h_0、w_0 则表明产业间有显著的前向关联关系，但文献中并未明确说明临界值的确定方法。此外，司增绰（2014）选取商贸流通业对应的直接消耗系数较大的20个产业构成对其供给强度较大的上游产业，选取完全消耗系数与直接消耗系数比值最小的20个产业构成对其发展约束性较强的上游产业，选取直接分配系数较大的20个产业构成对其需求强度较大的下游产业，选取完全分配系数与直接分配系数比值最大的20个产业构成对其发展扩张性较强的下游产业，由此确定与商贸流通业关联较强的上下游

[①] 经济距离法以运费、时间、便利程度（或舒适程度）来表示两地之间的距离。经济距离主要受交通运输技术进步和设施改善的影响。

[②] 投入产出系数=∑（产出项目权重百分比）/∑（投入项目权重百分比）。

产业群，继而刻画商贸流通业的产业链。戴文娇和曹建海（2021）则将上下游产业群缩小至 10 个，运用同种原理识别并测算了商贸流通业的产业链发展效率。

二 韧性与经济韧性的测度研究

（一）关于韧性的测度研究

韧性[①]的测度方法主要包括以下三类。①基于韧性理论构建指标体系进行综合评价（见表 1-1），经济韧性侧重于从韧性内涵角度构建指标，而城市或产业韧性则侧重于从系统要素角度构建指标，两者均是基于现有文献中的概念框架或因素通过归纳方法构建的。例如，殷为华（2019）从抵抗、更新、再定位和恢复能力四个维度构建指标体系，对长三角城市群工业韧性水平进行综合评价，采用突变级数法[②]、泰尔指数[③]及探索性空间数据分析等方法分析其区域差异及空间演化特征；鲁飞宇等（2021）在此基础上运用 Tobit 空间滞后面板模型[④]刻画了长三角地区工业韧性的影响机制；Rizzi 等（2018）在不对称性和峰度检验的基础上，从经济、社会、环境三个维度构建指标体系，运用主成分分析方法对欧洲 248 个地区的韧性进行了测度；于伟和张鹏（2019）则基于农业产业的生产韧性、生态韧性和经济韧性三个维度构建指标体系，利用熵值法和探索性空间数据分析方法测算并刻画了我国农业发展韧性空间格局；孙亚南

---

① 韧性是指材料受到使其发生形变的力时对折断的抵抗能力。产业链韧性是指一个产业链在外部环境变化的情况下，能够抗击外部变化，确保延续产业链结构和运行要素的可靠性。
② 突变级数法是一种对评价目标进行多层次矛盾分解，然后将突变理论与模糊数学相结合产生突变模糊隶属函数，再由归一公式进行综合量化运算，最后归一为一个参数，即求出总的隶属函数，从而对评价目标进行排序分析的综合评价方法。
③ 泰尔指数是衡量个人之间或者地区间收入差距（或者不平等程度）的指标。
④ Tobit 空间滞后面板模型是一种面板数据模型，适用于因变量受到约束的情况，通过模型设定和估计，对因变量受到约束的情况进行更准确的描述和预测。

和尤晓彤（2021）基于熵值法和泰尔指数，分析了江苏省各地级市韧性水平差异，并采用障碍度模型诊断了生态、社会和经济等维度的障碍因子；郑涛和杨如雪（2022）将韧性系统分解为内外部的冲击韧性和断裂韧性，并测算了高技术制造业韧性水平，通过门槛模型验证了技术创新和产业升级对产业韧性的正向作用。②韧性代理指数分析法，即测度核心变量在特定外部冲击前后的变化，如地区生产总值、进出口贸易额、就业率或失业率等。Martin（2012）通过就业与产出水平测算了1972~2010年英国各地区的区域经济韧性；在此基础上，Di Caro（2015）以意大利17个地区为样本，利用不同区域就业率和失业率平滑转换自回归模型，测算了各区域的韧性水平；Bergeijk等（2017）利用2008年国际金融危机后各国外贸交易量的下滑程度来反映经济韧性；张婷婷（2018）基于人均GDP、地均GDP和失业率等变量构建了经济稳定、多元、创新和活力4个指数，运用极值熵值法测算了长三角41个城市的经济韧性；冯苑等（2020）通过计算地区生产总值和产业就业人数等核心指标的前后变化以获得区域韧性指数，分别用冲击时衰退程度、冲击后恢复速度来衡量区域经济韧性；徐圆和张林玲（2019）基于静态凡登定律构建经济增长与就业变化之间的回归方程，运用GMM-SL-SAR-RE模型①测度了我国230个城市的经济韧性。近年来，也有学者以产业集中度和城市创新环境的双指标来衡量区域产业链系统的韧性水平（李胜会、戎芳毅，2022b）。③经济周期模型法，通过引入经济周期模型，分别以经济扩张期的恢复力和经济收缩期的抵抗力来表征区域经济韧性（李连刚等，2021；胡志强等，2021；关皓明等，2018），其中扩张期与收缩期的划分采用"谷—谷"法（从一个谷值到另一个谷值为一个经济周期）。

---

① GMM-SL-SAR-RE模型是一种将全局马尔可夫模型（GMM）与稀疏自编码器（SL）结合，同时使用结构化自编码器（SAR）和重构误差（RE）的深度学习模型。

表 1-1　韧性评价体系

评价目标	指标体系构建维度	相关学者及文献
韧性水平	抵御、恢复、更新、再定位能力	谭俊涛等（2020）；殷为华（2019）；鲁飞宇等（2021）；王倩等（2020）；Martin 等（2016）
	基础抵抗力、适应恢复力	李连刚等（2021）；胡志强等（2021）；韩增林等（2022）；Wang 和 Wei（2021）
	产业经济、社会、环境系统	廉倩文（2021）；解星（2019）；于伟和张鹏（2019）；Rizzi 等（2018）；彭坤杰等（2022）
	敏感性、应对能力	马慧强等（2019）；孟丽君等（2019）；丁月婷等（2019）
	文化、经济、社会、生态、基础设施	张明斗和冯晓青（2018）；孙亚南和尤晓彤（2021）；刘彦平（2021）；白立敏等（2019）
	系统内部、外部韧性	曹德等（2020）；郑涛和杨如雪（2022）

（二）关于经济韧性的测度研究

经济韧性的测度方法主要有两类。一是核心指标法，也称为敏感指数分析法，通过比较冲击发生前后核心变量的实际值与预测值之间的差值进行测度（Bergeijk et al., 2017），典型指标有 GDP 增长率、就业/失业变化率、固定资产投资额变化率等（Martin et al., 2016；陈丛波、叶阿忠，2021）。如 Oprea 等（2020）选择 GDP 变化率作为核心变量，并基于敏感指数分析法分析了 2007~2014 年 7 个东欧国家的经济韧性表现。韩爱华等（2021）则以 2012 年 2 月至 2019 年 12 月我国 31 个省（区、市）（不含港澳台）月度规模以上工业增加值累计增长率为基础数据，基于 SARIMA-BP 组合模型①和 GM（1，1）模型②预测 2020 年 2~9 月各省份经济累计增长率，并通过计算实际值与基准状态下预测值的差异，测算疫情冲击下 31 个省（区、市）的经济韧性表现。

---

① SARIMA-BP 组合模型通过结合 SARIMA 模型和 BP 神经网络，可以利用两种模型的优点，进一步提高时间序列预测的准确性和稳定性。
② GM（1，1）模型是一种灰色预测模型，它使用一阶微分方程对单一的变量进行建模。

二是综合指标分析法，即通过构建系统多方位的综合指标体系来测度韧性水平。Briguglio 等（2009）最早使用该方法测度经济韧性，测度指标涵盖宏观经济稳定、微观经济市场效率、治理和社会凝聚力 4 个方面。现阶段，大多数研究基于 Martin（2012）的"4R"思想构建指标体系对经济韧性进行测度。如崔耕瑞（2021）从抵抗力（吸收风险能力、抵抗风险能力）、恢复力（经济增长能力、经济稳定能力）、适应力（自我适应能力、要素配置能力）、转型力（技术进步、增长方式转变）4 个维度测度经济韧性；暴向平和张学波（2021）从抵抗与恢复能力、适应与调整能力、创新与转型能力 3 个维度选取 18 个二级指标，使用熵值法得到内蒙古 2000~2019 年经济韧性值。此类研究方法的典型指标有人均 GDP、人均可支配收入、外贸依存度、城镇登记失业率、城镇化率、财政自给率、固定资产投资总额、科学研究与试验发展（Research and Development，R&D）经费支出、有效专利申请数等。此外，产业链与产业集群均隶属于产业经济学范畴。关于产业集群韧性的测度，相关研究则首先根据产业集群特征识别产业集群，再基于 Martin 等（2016）的敏感指数分析法测度产业集群韧性。如朱华友等（2021）以就业和产值的区位熵值识别长三角地区产业集群，并以工业产值为核心指标，对 2003~2013 年长三角地区产业集群韧性进行测度。

三　产业链韧性的研究

产业链韧性测度是一项开创性和实验性的工作，需要科学严谨的理论体系支撑、相关实证分析的经验。从整体来看，目前国内外关于产业链韧性的文献十分有限，且大部分还局限在定性的层面。但在此之前，已有学者对产业链的脆弱性、稳定性和竞争力水平等进行了大量研究，因而可以结合其他韧性评估和产业链发展水平评价分析的相关研究来明确产业链韧性的定量分析方法。

（一）关于产业链发展水平的评价研究

相关文献基于脆弱性理论[①]、产业安全理论等对产业链发展水平进行了探讨，主要包括产业链稳定性、脆弱性、竞争力和现代化水平和韧性等方面（见表1-2）。

表1-2　产业链发展水平相关测度方法

角度	稳定性	脆弱性	竞争力	现代化水平	韧性
测度内容	实现稳定增长的控制能力	对敏感性因素的应对能力	生产效率和价值的提升能力	协调经济、创新和环境效益的能力	抵抗风险、主动适应变化的能力
测度方法	AHP、熵值法和距离函数模型（刘雷等，2009）、多层次模糊综合评价法（孔凡文等，2018）	熵权-云模型法（王玲俊、王英，2016）、复合系统协调模型（刘国巍等，2019）、信息熵法（杨年芳、严奉宪，2011）	结构方程模型（刘烈宏、陈治亚，2017）、博纳奇-卡茨特征向量中心度指标（邹国伟等，2021）	熵权法（蔡乌赶、许凤茹，2021；张虎等，2022）、BP神经网络方法（王静，2021）、时空极差熵权法（毛冰，2022）	熵值法（于伟、张鹏，2019）、突变级数模型（殷为华，2019）、多时点双重差分模型（李胜会、戎芳毅，2022b）、熵权-TOPSIS模型（王泽宇等，2022）

1. 稳定性方面

刘雷等（2009）认为，循环经济产业链的经济稳定性表现为其持续、有效的增值能力，并构建了经济增值、资源增值、环境增值和风险抵御四个方面的综合评价指标体系，运用层次分析法（Analytic Hierarchy Process，AHP）、熵值法和距离函数模型分析了内部基本生产活动、技术性活动和外部环境等因素变化对产业链稳

[①] 脆弱性理论认为，由于各种不确定性和风险的干扰，各种系统都存在一定的脆弱性，即容易受到损害或破坏的特性。

定性的影响。孔凡文等（2018）从产业链主体、内部运作系统和外部环境三个维度构建指标体系，采用多层次模糊综合评价法对沈阳市现代建筑产业链的稳定性进行了综合分析。

2. 脆弱性方面

王玲俊和王英（2016）从节点和链条两个维度运用熵权-云模型法对装备制造业产业链风险进行了评估。但云模型方法缺乏数据说服力，随即有学者提出了深度稀疏网络视角下的复合系统协调度模型，以分析产业链上、中、下游拓扑结构和功能的脆弱性，研究表明，创新网络下的产业链系统相较传统产业链更具稳定性和优势（刘国巍等，2019）。杨年芳和严奉宪（2011）以复杂系统的脆弱性模型为基础，以产业链脆弱性内涵为切入点，选取产业链内部生产系统和外部环境中的敏感性因素构建指标体系，分析了柑橘产业链的脆弱性原理和提升路径。曹德等（2020）从产业链内部和外部两个维度选取资源禀赋、产业集聚度、劳动力成本和交通设施水平等指标构建了轨道交通产业全产业链的韧性-脆弱性评价体系，并通过计量模型进行了实证分析。

3. 竞争力方面

众多学者一致认为技术创新是产业链竞争力升级的内驱动力，攻克技术难关可以有效提高产业安全水平，使企业逐渐摆脱国外企业技术封锁和价值链低端锁定等"卡脖子"困境（何亚莉、杨肃昌，2021；周曙东等，2021）。刘烈宏和陈治亚（2017）从产业链投入、产出、发展基础、结构效率和生产率等维度构建电子信息产业链竞争力评价指标体系，并采用结构方程模型进行了检验。邹国伟等（2021）基于博纳奇-卡茨特征向量中心度指标[①]，分析了我国制造业细分行业的产业链竞争力，指明高技术制造业的产业链竞争力仍有待提高。产业链竞争力的核心指标包括出口复杂度、上游度指

[①] 该指标可以衡量网络中一个节点的影响力。根据与高分节点的连接比与低分节点的同等连接对有关节点的得分贡献更大的概念，将相对分数分配给网络中的所有节点。

数、全球价值链（Global Value Chain，GVC）地位指数、GVC 收入等。杨勇（2019）构建了"活动+要素+产业"的 GVC 要素收入核算体系，并基于我国制造业分行业的 GVC 要素显性比较优势来衡量国际竞争力。

4. 现代化水平方面

张虎等（2022）构建了由产业链基础、产业链数字化、产业链创新、产业链韧性、产业链协同和产业链可持续6个维度组成的指标体系，进一步利用熵权法、Dagum 基尼系数[①]、核密度估计[②]和空间马尔可夫链[③]的方法对我国产业链现代化水平展开统计监测；蔡乌赶和许凤茹（2021）从产业组织、创新能力、经济效益和绿色集约4个维度构建了制造业产业链现代化的指标体系，选取产业基础、经济效益、创新水平、社会配套设施和生态治理等维度中企业单位数、新产品销售收入占比和成本费用利润率等40个具体指标，采用熵权法测算了我国制造业产业链现代化水平指数；王静（2021）基于协同驱动理论中的博弈模型，构建了产业链现代化水平的评价指标体系，并采用 BP 神经网络方法进行了数值模拟分析，探讨了现代化背景下产业链、供应链的共融方向；毛冰（2022）从产业结构、协同、融合创新现代化等维度构建产业链现代化评价指标体系，并以时空极差熵权法测度分析省级层面的产业链现代化发展水平。

（二）产业链韧性的影响因素研究

目前，部分学者从理论层面探讨了数字经济对产业链韧性的影

---

① Dagum 基尼系数是在基尼系数的基础上进行改进和修正的指标。与传统基尼系数不同，Dagum 基尼系数通过引入一个参数来调整基尼系数的计算，使之变得更具灵活性。
② 核密度估计（Kernel Density Estimation）是在概率论中用来估计未知的密度函数，属于非参数检验方法之一。
③ 马尔可夫链，又称离散时间马尔可夫链，因俄国数学家安德烈·马尔可夫而得名，为状态空间中经过从一个状态到另一个状态的转换的随机过程。

响。例如，陈晓东等（2022）从新要素、新模式、新产业、新业态4个方面具体分析了数字经济如何驱动我国产业链韧性提升。此外，产业链发展相关研究的影响因素还涉及技术创新、研发投入、政府政策、国际贸易环境、投资等（龙瑜清、汤晓军，2021；刘佳骏、李晓华，2021）。白玫（2022）研究了韩国产业链与供应链政策调整对全球供应链布局和我国产业发展的影响；李优树和冉丹（2021）使用QAP（Quadratic Assignment Procedure，二次指派程序）回归分析法[①]，明确了经济距离、工业化阶段距离、制度距离和地理距离对"一带一路"区域石油产业链贸易网络的影响作用及影响程度。

产业结构、经济结构、技术创新、政策制度、社会因素、金融条件等是经济韧性的影响因素（谭俊涛等，2020）。在产业结构方面，徐圆和张林玲（2019）通过实证分析发现，无论是在冲击抵御期还是在恢复调整期，产业结构多样化的城市都能够更迅速地调整产业结构，其经济韧性也更强。而陈奕玮和吴维库（2021）发现，产业集聚、产业多样化均是影响城市经济韧性的重要因素，并且在不同时期不同类型的城市对城市经济表现出不同的促进或抑制作用。郭将和许泽庆（2019）则考虑地区创新水平差异的门槛效应，实证结果发现，在较高创新水平的地区，相关多样性对区域经济韧性有正向促进作用；当创新水平处于中低水平时，相关多样性表现为负向抑制作用，但随着创新水平的提高其作用效果逐渐减弱。在技术创新方面，程广斌和靳瑶（2022）以2003～2018年我国274个地级市数据为样本，发现创新能力能够促进城市经济韧性的提高，尤其是大型城市和东部城市，但在中小型城市和中西部城市作用不明显；张学超（2022）则分析了创新能力在金融集聚影响城市经济韧性中的中介效应，即金融集聚能够通过促进创新能力的提高来提升城市经济韧性。此外，李连刚等（2022）通过OLS回归模型发现，经济

---

① QAP回归分析法是在控制已知矩阵结构的基础上，通过改变另一个矩阵中的特定点的标签，引起两个矩阵结构上的差异，从而验证原结构的显著性。

结构、第三产业比重以及政府支持对经济韧性具有显著的作用，而地区经济发展水平表现为消极作用。

（三）增强产业链韧性的路径研究

学界普遍认为，产业链韧性是产业链现代化发展的基础，是现代化产业体系的关键载体，是强化经济韧性发展的重要力量。增强产业链韧性具有关键性和迫切性，不同学者从不同的角度提出了增强产业链韧性的路径和对策。

从延链、补链、强链、固链角度看，盛朝迅（2021）认为，推动产业链供应链安全稳定发展的主要任务是强化固链、突出补链、推动优链以及科技强链；何亚莉和杨肃昌（2021）提出，新发展格局下产业链韧性锻铸路径将变得复杂多元，应从强化既有优势、纵向延伸和横向拓展产业链、补齐弱势短板、畅通产业链跨区域循环连接以及产业链备份方面锻铸产业链韧性。从科技创新角度看，马一德（2021）和张煜（2022）强调，科技创新是破解"卡脖子"难题的关键，必须强化核心技术领域的科技创新。从宏微观视角看，贺程（2021）从微观层面指出，增强企业核心竞争力是保持产业链韧性的关键；宋华和杨雨东（2022）则认为，产业链供应链现代化要以中观产业为切入点，在宏观上推进产业链供应链发展制度建设，在微观上促进企业等市场主体的连接。此外，张明斗和霍琪炜（2022）将产业链韧性分解为供需链韧性、企业链韧性、价值链韧性和空间链韧性，并从供需耦合协调、政企合作联系、核心技术研发以及产城融合视角提出特大城市产业链韧性的提升机制。

四　制造业产业链韧性的研究

制造业产业链涉及的要素种类繁多、风险缺口不一，打造具备韧性的产业链是制造业高质量发展的应有之义。2022年工信部工作报告指出，通过夯实"稳"的基础和增强"进"的动力，在保障产业链循环畅通的基础上，坚持补短板和锻长板双管齐下，全国制造业产业链韧性水平取得阶段性提升，未来应巩固已有成果，进一步采取举措推动制造业产业链韧性稳固增强。制造业是国民经济的核心，其产业链系统是否稳定强健一直是理论界和实务界关注的重要命题，现有研究主要围绕测度分析和路径探索两个方面展开。

在实证测度与因素分析层面，相关学者从产业链敏感性脆弱性、产业链系统安全稳定、产业链贸易竞争力以及创新发展能力等方面开展相关研究。例如，刘国巍等（2019）以新能源汽车为例分析产业链的脆弱性，研究发现，创新网络下的产业链系统相较传统产业链更具稳定性和优势；曹德等（2020）以轨道交通产业链为研究对象，将产业链韧性定义为内外部系统保障产业链条及环节有序稳定、低于脆弱性风险的能力，基于内外部韧性-脆弱性的形成机理分析构建了轨道交通产业全产业链的韧性-脆弱性评价体系，并以计量模型进行实证研究。王泽宇等（2022）以船舶制造业为研究对象，基于区域经济韧性理论构建指标体系，综合运用熵权-TOPSIS和灰色关联度的动态评价模型分析了我国船舶制造业产业链内部维持链条稳定和推动上下游环节合作升级的能力，并进一步以地理探测器和双向固定效应模型探究其内在影响机理。赵驰和戴阳晨（2021）以产业发展环境、对外依存度、国际竞争力及控制力为一级指标构建了综合评价指标体系，运用熵权-TOPSIS模型对我国制造业安全度进行测度分析，并以多元回归模型探究绿色贸易壁垒对我国制造业产业绩效的影响机制。孔玉丹等（2024）则认为要提升制造业竞争力，必须注重创新指标，故而提出制造业安全"四因素"模型，并基于交叉层次数据包络分析法（CH-DEA方法）对我国制造业产业链进行测度分析，总结得出了微观和宏观层面的障碍因素。

在制造业产业链韧性提升的路径探索层面，相关研究主要围绕要素融合、可持续发展以及数字科技赋能等角度展开，但成果未得到系统梳理且相对匮乏。①要素融合角度。梁树广等（2022）通过分析疫情和贸易摩擦背景下国际产业分工格局的变化，以熵值法、耦合协调度模型、灰色关联度模型和空间分析等方法对山东省制造业"三链"①耦合协调度进行实证分析，提出要加快完善以产业需求为着力点、以科技创新为发力点、以资金流通为依托的协调发展路径，持续激发资金链、产业链和创新链"三链"耦合的动力，发挥其协同和保障作用。②可持续发展角度。保障产业链安全可控、增强产业链韧性是实现中国式现代化的必然要求，制造业产业链发展对煤炭、核电和石油等能源资源具有较强的依赖性，面对全球生态环境恶化和资源总量不足等现实窘境，努力实现"碳达峰、碳中和"的目标对制造业生产经营决策和发展定位转型具有重要的战略引领作用（高洪玮，2023）。李萌等（2022）基于产业链总值和增加值两种不同核算方式下的碳税政策框架，通过反事实模拟分析法得出产业链增加值核算下存在最优税率，使得我国制造业产业链受冲击力度最小、安全性更强。③数字科技赋能角度。产业数字化、服务智能化是制造业价值链的发展趋势。王瑞荣和陈晓华（2022）认为，数字经济通过优化基础设施、生产流程、设备应用和技术变革等嵌入制造业全产业链，形成富含创新链、制造供应链和服务链的动力机制，助推制造业高质量发展。此外，沈蕾等（2022）指出，5G网络技术是我国制造业创新升级的关键要素，可以改变企业经营管理过程中的方方面面，如生产销售方式、市场消费理念以及商业合作交流等。"5G+消费升级"和"5G+自主技术创新"的新型动力机制有利于促进新业态、新模式的发展，增强企业资源获取和整合能力，拓宽制造业升级的内涵边界。

五　研究评述

基于上述分析，已有关于制造业产业链韧性的研究取得了一定

---

① "三链"是指产业链、创新链、资金链。

进展，这些文献在研究视角选择、指标选取、模型构建和实证分析等方面都为本书提供了理论和方法上的借鉴。但是，关于制造业产业链韧性的定量研究相对较少，下述问题亟须进一步深化解决。

（1）现有产业链韧性的研究以内涵界定、内在逻辑和路径优化为主，尚未有普遍认同的测度方法和测度指标体系。尽管产业链稳定性与竞争力、经济韧性测度指标方法与产业链韧性的测度存在一定的差异，但从其内涵共性来看，具有一定的借鉴意义。

（2）缺乏基于产业关联视角分析制造业产业链的发展水平。现有制造业的研究大多从产业视角考察其整体的发展水平，仅有少部分文献从产业关联视角分析制造业产业链，但存在产业链测度研究不足问题。因此，本书将基于产业关联视角识别制造业各细分行业的产业链，对我国制造业每一细分行业的产业链韧性进行测度。

（3）在韧性相关研究中，已有研究以区域、城市和社区等为对象并进行了大量探索。研究表明，复杂系统的韧性是包括多重内涵的高阶构念。制造业作为产业链的核心部门之一，是区域经济系统的基石，其内部稳定性极大地影响着区域实体经济的发展，制造业产业链韧性问题是一个全局性和战略性问题，亟待深入研究。此外，已有学者从不同角度对韧性进行了大量定性研究，但针对产业链韧性的定量研究尚处于起步阶段，缺乏权威和有说服力的实证结果。

（4）现有研究尚未系统形成产业链韧性的评价指标和测度方法，关于产业链的量化评价研究主要集中在产业链稳定性、脆弱性、竞争力和现代化水平等方面，与韧性测度指标体系有异同点。而在韧性测度的三种方法中，相较单一的核心指标和经济周期划分，构建的指标体系更加全面合理，因而应用最多，评价模型/方法主要包括熵权-TOPSIS模型、主成分分析法、层次分析法、加权求和法、突变级数模型等。现有研究对象大多为长三角、东三省等经济区域或个别省份，较少有基于全国各省域内产业中观层面的研究成果，具体落实到制造业的研究更是鲜有。

(5）学界对于产业链韧性的测度尚没有明确的指标体系和评估方法，有学者对相关的诸如经济韧性、产业竞争力及产业链竞争力都提出了相应的测度指标体系和评估方法，可以借鉴相关研究成果构建我国制造业产业链韧性的测度指标体系。然而，经济韧性、产业竞争力和产业链竞争力的评估指标、测度方法与产业链韧性的测度存在一定差异。本书拟在借鉴经济韧性、产业竞争力、产业链竞争力评价指标体系和模型的基础上，从全球价值链、产业关联、区域产业链系统等视角，依据产业链韧性的内涵界定和特征刻画，系统构建相应的统计测度指标与评估方法，并以全球制造业、制造业细分行业、区域制造业为样本，评估我国制造业产业链的韧性水平，进而提出提升我国制造业产业链韧性的路径和对策。

第三节　研究目的与意义

一　研究目的

本书通过制造业产业链韧性测度的研究，拟达成以下目标：①对产业链韧性进行理论基础研究，并构建测度制造业产业链韧性的统计指标体系和评估方法；②从全球价值链、区域制造业产业链系统和制造业行业发展等角度探讨统计测度指标及方法的实证应用；③提出我国制造业产业链韧性的提升路径与对策建议。

二　研究意义

（一）学术价值

一是厘清产业链韧性的内涵，本书将从产业经济学、韧性理论等出发，系统研究产业链韧性的内涵与外延，进一步拓展和丰富产业链理论、经济韧性理论的研究范畴和研究方法；二是在党的十九大报告和党的二十大报告提出的"建设现代化经济体系""促进我国产业迈向全球价值链中高端""着力提升产业链供应链韧性和安全水平"等要求的基础上，为增强产业链韧性提供原创性的理论基础研究。

（二）应用价值

一是基于产业链韧性内涵构建制造业产业链韧性统计测度指标和测度方法，为评估我国制造业在全球价值链中的产业链韧性指数、测度区域和行业维度的制造业产业链韧性水平提供方法支撑；二是提出增强产业链韧性、提升风险应对能力的路径和对策，为实现制造业产业链现代化提供决策参考。

第四节　研究内容

依据制造业产业链韧性衍生出的若干问题，本书拟从以下两个方面展开研究：一是理论探索与方法研究，以制造业为核心对象，回答产业链韧性的内涵界定、测度方法及其理论依据问题；二是理论与方法应用分析，回答制造业产业链韧性的国际地位、区域及行业产业链韧性水平的问题，并提出增强我国制造业产业链韧性的对策建议。

一　产业链韧性的理论基础研究

在系统梳理韧性理论、产业关联理论、产业链理论和全球价值链理论基础上，本书从工程韧性、生态韧性、经济韧性、适应性韧性、演化韧性，以及脆弱性、稳定性、效率、竞争力、全球化等与经济韧性之间的关系维度探讨产业链韧性的理论基础，并从产业关联、产业竞争与产业分工视角探讨制造业产业链与价值链、供应链、企业链、创新链、空间链的内在逻辑，以此界定产业链韧性内涵。

二 制造业各行业产业链韧性的统计测度

本书依据产业关联理论将产业链韧性划分为产业链节点韧性与链条韧性,并依据区域经济韧性理论从抵抗力、恢复力、调整适应力、持续增长力维度构建我国制造业各行业产业链韧性的测度指标体系;运用产业链上下游识别模型识别以我国制造业各细分行业为核心的上下游行业群来刻画产业链;运用熵权-TOPSIS模型测度我国制造业各行业产业链韧性,从节点韧性与链条韧性以及整体和各子系统出发,具体分析研究期内产业链韧性的演化特征;依据产业链韧性平均值,使用层次聚类分析法将16个细分行业产业链韧性划分为不同等级,进而提出提升我国制造业产业链韧性的路径。

三 省域制造业产业链韧性测度及时空演化分析

本书从区域视角切入,在对制造业产业链韧性内涵及理论框架进行分析的基础上,探讨我国各省域制造业产业链韧性水平差异、分布特征及提升路径;尝试构建评价指标体系和评价模型,以我国30个省(区、市)(不含港澳台及西藏地区)为研究样本进行测度分析,得出2011~2020年我国省域制造业的产业链韧性指数,并对区域差异和指标维度得分进行比较;通过高斯核密度估计①、自然间断点分级和探索性空间数据分析等方法分析其时空演化特征。基于上述分析结果,对各地区提升制造业产业链韧性提出相应的政策建议。

四 全球价值链视角下我国制造业产业链韧性分析

以韧性理论为基础,本书构建了包含抵抗力、恢复力、适应力和增长力四个维度的综合评价指标体系。选择OECD国家和金砖国家为样本,基于2012~2018年的面板数据,利用综合评价法(熵值

---

① 高斯核密度估计是一种非参数统计方法,用于估计数据集的概率密度函数。

法）对指标进行赋权，对制造业产业链韧性水平进行综合评价分析。从制造业产业链整体韧性和抵抗力、恢复力、适应力、增长力维度提出相应的对策建议。

第五节 研究思路与研究方法

一 研究思路

本书借鉴国内外相关研究成果，以韧性理论、产业链理论、全球价值链理论等为基础，以我国制造业为研究对象，探讨制造业产业链韧性的统计测度指标与评估方法。从全球价值链、区域布局和行业发展等角度探讨统计测度指标及方法的实证应用，并提出相关对策建议。具体研究思路如图 1-1 所示。

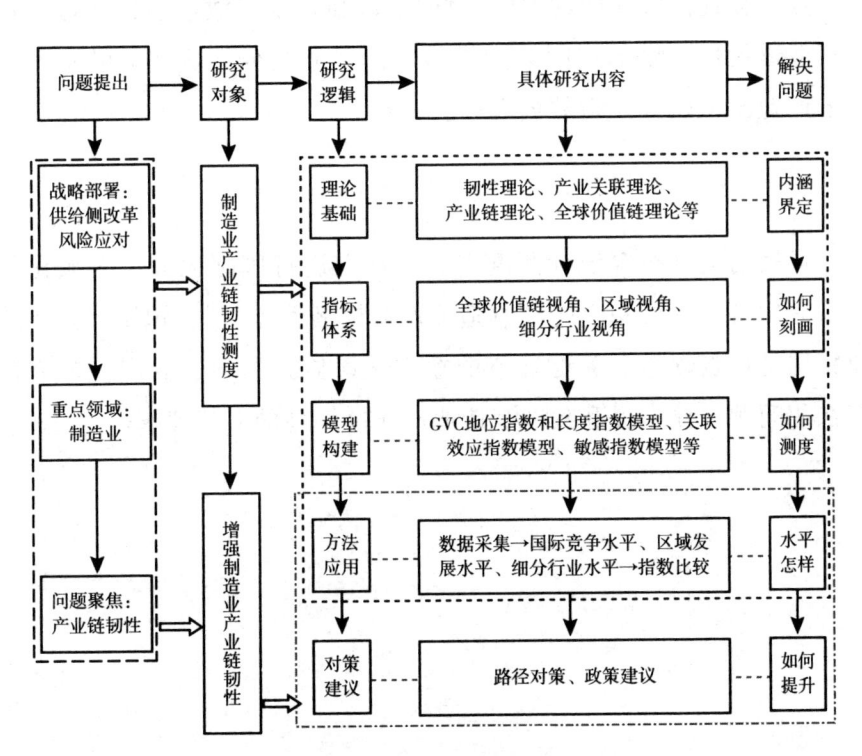

图 1-1 本书的研究思路

二 研究方法

（一）文献研究法

通过中国知网（China National Knowledge Infrastructure，CNKI）、Web of Science 等国内外专业数据库，收集国内外该领域的权威文献，梳理制造业产业链韧性的相关文献进行理论基础研究，形成产业链韧性等关键概念界定的理论基础；归纳总结产业链韧性统计测度的相关指标，挖掘产业链韧性测度指标体系设计的权威文献支撑。

（二）统计分析法

依据不同测度对象建立相应的统计测度方法与模型，包括制造业产业链韧性国际比较的 GVC 地位指数和长度指数模型，区域制造业产业链韧性测度的空间计量模型，制造业细分行业产业链水平测度的产业链关联效应指数模型等。

（三）比较研究法

运用前沿分析等统计测度工具，重点进行国际比较、区域比较和行业比较，形成相应的"制造业产业链韧性指数"；识别我国制造业特别是重点领域、关键环节的短板，评估我国制造业产业链韧性存在的问题，提出提升我国制造业产业链韧性的对策建议。

第二章　制造业产业链韧性测度的理论依据

近年来,由"韧性"衍生的经济韧性、城市韧性、区域经济韧性等的研究日趋丰富,但产业链韧性的内涵及理论分析框架尚未明确。因此,本章旨在基于现有理论和研究,科学界定产业链、韧性以及产业链韧性的内涵,厘清产业链韧性与产业链现代化、产业韧性及其与产业链稳定性、脆弱性和竞争力的关系,为提出产业链韧性的理论分析框架和测度方法奠定基础。

第一节　韧性理论

一　韧性的概念演化

韧性(Resilience)表示系统或个体经历冲击或扰动后恢复回弹的抵抗力与恢复力,原指物体受外力影响发生变形却又不被折断或分裂的性质。随着时代的变迁,韧性融入不同学科,也因此经历了从工程韧性、生态韧性再到演化韧性的概念演变(见表2-1),体现了从单一或多种均衡观点到演化观点的转向(李连刚等,2019)。

在内涵区分方面,韧性与刚性、弹性、稳定性和脆弱性等概念有一定相似性,但实质却存在差异。刚性是指事物在外力作用下不易发生改变和难以通融的性质,描述的是一种力学性能(陈传明、张敏,2005)。弹性强调物体在弹性极限内产生变化后恢复原状的性

表 2-1 韧性的概念演化

韧性视角	理论基础	主要特征	核心目标	评价标准	代表学者
工程韧性	物理学	有序线性、单一均衡	恢复初始状态 T_1	恢复时间和弹性	Holling(1973)
生态韧性	生态学	复杂非线性、多种均衡	由均衡点 T_1 恢复到均衡点 T_2，塑造新的稳态	平衡状态和稳定效率	Holling(1996)
演化韧性	系统理论	摒弃均衡、处于不断动态演化中	系统摒弃均衡点，不断吸收冲击扰动，适应环境变化	学习适应和创新升级	Simmie 和 Martin (2010)

质（张惠璇等，2017），一般适用于经济分析。稳定性是指系统受到风险扰动后自身仍能保持在某种有限边界的区域内，不断恢复到原平衡状态的能力（崔静等，2016）。刚性、弹性和稳定性都侧重于反映系统反弹或恢复的状态及结果，而韧性侧重于反映系统内在关系的持久性，体现的是一种连续发展能力（廉倩文，2021）。脆弱性是指事物在面临风险冲击时，其内部稳定性遭到破坏、应对能力不足的状态（Susman et al.，2010）。它与韧性是面临风险冲击时所反映出的两种不同状态，韧性表征的是一种抗压特质，更是一种动态适应的发展目标（汪辉等，2017）。

在概念衍生方面，Martin（2012）提出区域经济韧性是单个区域系统抵御技术、市场、资源环境等外部冲击，并从中恢复、再组织、更新发展路径实现可持续发展的能力。国内学者在 Martin（2012）和 Boschma（2015）的基础上，将韧性理论应用于区域经济学、城市经济学和产业经济学中，衍生出区域经济韧性、城市韧性、产业韧性和产业链韧性（见表 2-2），基于省级行政单元、地理区域和经济区域等不同研究视域展开区域经济韧性研究（徐媛媛、王琛，2017；张婷婷，2018；刘逸等，2020；谭俊涛等，2020；李连刚等，2021；彭荣熙等，2021；胡志强等，2021）。城市韧性是指城市有效适应和应对各种变化或冲击的能力，降低发展过程的不确定性和脆弱性（张明斗、冯晓青，2018），广泛应用于不同类型、不同地区的城市及城市群研究中，如资源枯竭型城市、智慧城市和海绵城市等（张明斗、冯晓青，2018；解星，2019；朱正威，2021；孙亚南、尤晓彤，2021；刘彦平，2021；武永超，2021）。韧性应用到产业经济学中，主要衍生出产业韧性及产业链韧性两个概念，它们都是表征产业结构或某具体产业抵御和消化吸收冲击要素并恢复升级的能力，现有研究主要涉及农业（于伟、张鹏，2019）、工业（殷为华，2019；鲁飞宇等，2021）、交通产业链（曹德等，2020；王泽宇等，2022）及流通产业链（刘月、郭亚红，2022）。产业韧性通常聚焦产业的经济或生态特性，考察的是产业生态系统整体的韧性状态；而产业链韧性则立足于上下游行业或自身链条各环节的适应力和竞争力。

表 2-2　国内外学者对韧性的概念衍生

韧性名称	概念定义	研究视域
区域经济韧性	区域抵御技术、市场、资源环境等外部冲击，并从中恢复、再组织、更新发展路径实现可持续发展的能力（Martin，2012）	江苏省和浙江省（徐媛媛、王琛，2017）；长三角地区（张婷婷，2018）；东北老工业基地（李连刚等，2019）；粤港澳大湾区（刘逸等，2020）；我国31个省（区、市）（谭俊涛等，2020）；东部沿海地区（彭荣熙等，2021）；黄河流域（胡志强等，2021）
城市韧性	城市有效适应和应对各种变化或冲击的能力，降低发展过程的不确定性和脆弱性（张明斗、冯晓青，2018）	资源枯竭型城市（解星，2019）；海绵城市（朱正威，2019）；江苏省13个地级市（孙亚南、尤晓彤，2021）；我国288个城市（刘彦平，2021）；智慧城市（武永超，2021）
产业韧性	产业系统消化和吸收外界干扰并保持原有主要特征和关键功能的能力（于伟、张鹏，2019）	农业（于伟、张鹏，2019）；工业（殷为华，2019；鲁飞宇等，2021）；制造业（苏任刚、赵湘莲，2020）；海洋产业（韩增林等，2022）；旅游产业（廉倩文，2021；王倩等，2020）

续表

韧性名称	概念定义	研究视域
产业链韧性	产业链系统以技术创新为支点，能够适应压力避免折损，或通过自生能力将外部冲击内化并恢复升级的特质（何亚莉、杨肃昌，2021）	轨道交通产业链（曹德等，2020）；农业产业链（何亚莉、杨肃昌，2021）；区域产业链（李胜会、戎芳毅，2022b）；海洋船舶产业链（王泽宇等，2022）；流通产业链（刘月、郭亚红，2022）

本书认为，韧性是指系统经受未知的风险扰动时，可以及时抵御风险并主动适应外部冲击带来的变化，不断依靠新要素和新方法实现升级的能力。韧性可以进一步从不同时期、不同维度、不同层次分析系统的抗风险能力，并结合自身优势和劣势，补缺补差，不断提升系统的韧性水平。

二 产业链韧性的提出

自2002年起，韧性的概念逐步从工程学、生态学领域扩展至经济学、社会学、地理学等领域，而区域经济学作为经济学的细分领域受到广泛关注（孙久文、孙翔宇，2017）。其中，由著名经济学家Martin（2012）提出的"区域经济韧性"受到学术界的广泛认可和推崇，他将经济韧性的内涵划分为抵抗力（Resistance）、恢复力（Recovery）、重新定位（Re-orientation）以及复兴（Renewal）。抵抗力是指外部冲击扰动来临时，区域表现出的脆弱性或敏感性；恢复力是指冲击扰动后区域经济能够恢复的程度和速度；重新定位则关注区域经济结构的调整程度以及这种调整对区域的产出、就业、收入的影响；复兴是指区域改变原有发展路径并创造更适宜的发展路径和模式的能力。随着研究的深入，"韧性"的概念被引入了产业经济学领域，并衍生出"产业韧性""产业集群韧性""产业链韧性"等概念。关于产业集群韧性的直接研究较少，其一般被界定为产业集群应对风险冲击的能力，包含吸收冲击、适应冲击以及从冲击中恢复更新的能力（罗黎平，2018；王鹏、钟敏，2021）。此外，也有学者从综合、多元以及过程的视角理解产业集群韧性，并认为应以集群的技术、关系、市场三个维度能否适应外界环境变化作为评判其韧性强弱的标准（俞国军等，2020）。

2019年8月26日，中央财经委员会第五次会议提出，我国制造业需要打造战略性和全局性的产业链，增强产业链韧性，提升产业链水平。2020年，习近平总书记在中央财经委员会第七次会议中指出，"我国经济发展要将供给侧结构性改革的重点转向重塑新的产业链上来"。2021年，《中华人民共和国国民经济和社会发展第十四个五年规划和2035年远景目标纲要》明确提出，要推进产业基础高级化和产业链现代化。面对外部诸多不确定性挑战，增强产业链、供应链韧性，确保在关键时刻不掉链子且能实现循环，巩固提升产业优势，是我国作为超大规模经济体必须具备的重要特征（魏婕等，2021）。

关于产业链韧性（Industrial Chain Resilience）的内涵，学术界主要从产业链的完整性、适应性以及动态演化视角进行界定。①完整性视角，强调产业链各环节在经历内外部风险扰动时能够维持自身系统稳定、防止断裂和抗冲击的能力（段浩，2020）。②适应性视角，强调产业链具备积极应对扰动并维持其内外部正常运转的一种复杂的适应性能力（周曙东等，2021）。③动态演化视角，强调产业链能够转型升级或动态调整其结构，并有效应对复杂环境的能力（罗仲伟、孟艳华，2020；唐珏岚，2021）。此外，李胜会和戎芳毅（2022a）则强调知识创新和技术提升在产业链韧性中的作用，并提出产业链韧性是产业链在急性冲击或长期压力下，以知识创新和技术提升为核心动力不断增强自身的机动性和适应性，继而实现可持续发展。

然而，上述研究关于产业链韧性的内涵界定并未体现产业链的关联属性和整体属性，产业链韧性的概念仍然较模糊。本书认为，产业链韧性是产业链内部关联的复杂网络结构赋予其高效化解冲击扰动的能力，包括有效抵御冲击的能力、从冲击中恢复的能力、调整适应新环境的能力以及持续拓展新增长路径的能力。这里的冲击不仅包括短期扰动，如金融危机、突发公共卫生事件；还包括长期缓慢持续性扰动，如气候变化、产业衰退等。

三 产业链韧性与相关概念的关系

（一）产业链韧性与产业链现代化的关系

新发展阶段，产业基础高级化、产业链现代化成为经济学关注的焦点。现有观点普遍认为，韧性是现代化产业链的重要特征之一（盛朝迅，2019；金碚，2021），增强产业链韧性是实现产业链现代化的重要途径（中国社会科学院工业经济研究所课题组，2021）。例如，高洪玮（2023）认为，提升产业链韧性是实现中国式现代化的必然要求，推动实现中国式现代化是提升产业链韧性的最大战略支撑。产业链现代化即产业链水平的现代化（刘志彪，2020），是一个国家或者地区提升产业链水平、强化其产业在全球价值链各环节的增值能力、实现其全球价值链地位攀升的过程（黄群慧、倪红福，2020）。李政和王思霓（2021）认为，现代化的产业链要求产业链应具备数字化、智能化、网络化以及韧性的特征，韧性主要体现在供应链对市场变化的灵活应对以及产业链各环节的高度协同性。洪银兴和李文辉（2022）则强调，产业链的安全性、可持续性以及外循环不畅时迅速恢复的弹性和韧性是建立自主可控的现代化产业体系的重点，并提出产业链现代化的内容是创新链与产业链的双向深度融合发展。由此可见，产业链韧性是产业链现代化的应有之义，增强产业链韧性是推进产业链现代化的重要内容。

（二）产业链韧性与产业韧性的关系

产业链韧性与产业韧性都源于经济韧性理论，具备经济韧性的一般特征，也具备各自特有的特征。产业韧性是从中观层面分析单个或整个产业的韧性。例如，郑涛和杨如雪（2022）认为，产业韧性是产业应对外界冲击时，从冲击中恢复并调整更新的能力；刘瑞和张伟静（2021）认为，制造业韧性表现为其自身调整产业结构和生产关系，实现可持续发展的能力。产业韧性的研究主要聚焦工业领域。例如，鲁飞宇等（2021）认为，工业韧性是工业经济能够调整其内部组织结构而有效应对外部冲击，并从冲击中恢复以及转变其增长路径和实现适应发展的能力，具体可用抵抗能力、更新能力、再定位能力以及恢复能力来测算；胡志强等（2021）则将研究区间划分为扩张期与收缩期，并以区域工业增加值的实际变化量与预期变化量的差值计算扩张期的恢复力和收缩期的抵抗力，并以此衡量工业韧性大小。本书认为，产业与产业间是相互关联的，应从产业链系统和产业关联的视角分析产业链韧性。产业韧性与产业链韧性有本质的区别，但两者均体现了韧性的一般特征。

（三）产业链韧性与稳定性、脆弱性以及竞争力的关系

产业链稳定性是指产业链系统有序、良性且可持续发展的循环状态（李艳双等，2008；张志明等，2022），表现为产业链面对内外部冲击扰动时自身抵御、应对调整以及自我修复的能力（孔凡文等，2018）。产业链稳定性与产业链韧性二者均体现了产业链自身抵抗冲击的能力，但与稳定性相比，韧性更加强调主体积极应对、主动转变的学习能力。此外，与稳定性、韧性相关的另一概念是脆弱性，脆弱性在社会科学领域是指系统能够承受不利影响的能力。也有学者认为，系统对内外部冲击扰动具有敏感性，但由于缺乏有效应对能力，系统的结构和功能容易发生改变，这种容易改变系统结构和

功能的属性被称为脆弱性（李鹤等，2008；杨飞等，2019）。脆弱性可用于研究系统对风险的承受和抵抗能力，而韧性强调了系统自我更新、持续发展的能力。

产业链竞争力是指产业链内部各主体分工效率和产业链整体效率是否具有优势（刘烈宏、陈治亚，2017），反映了其在全球产业链中的影响力和控制力。而产业竞争力是指某一产业或整体产业能够高效配置及转换生产要素和资源以满足经济社会需求，并有效应对国内外各类风险挑战、抵御不利因素损害或威胁的能力，具有一定的市场竞争力与产业控制力（吴孔明等，2022）。竞争力与韧性具有一定的逻辑假设关系，从某种程度上说，相关主体的韧性越强，其竞争力越强，反之则不一定。

综上所述，本书认为产业链韧性与产业链现代化具有重要联系，产业链韧性是产业链与韧性的结合体，区别于产业韧性，必须充分理解产业链与韧性的内涵。此外，产业链是特殊的经济体，经济韧性、产业集群韧性对研究产业链韧性问题具有一定的借鉴意义，而韧性与稳定性、脆弱性以及竞争力几个相关概念既有区别又有联系，必须抓住韧性的本质特征。

四 系统韧性理论

韧性最早是指个体回到最初状态的属性，这一概念在工程学、生态学和经济学的反复研究中不断丰富和延伸，体现了从单一或多种均衡视角到演化视角的转变，并逐渐形成用于解释和判断系统稳定状态阈值的韧性理论（李连刚等，2019）。Holling（1973）将工程韧性的概念定义为金属或某单一均衡的系统在外力的作用下，产生形变后能够恢复到原状的能力；后又提出生态韧性是指系统忍受干扰并在受冲击时能在维持原有状态的情况下进一步更新升级，促使系统形成新的平衡状态的能力。这验证了韧性存在的多种均衡观点（Holling，1996）。Folke（2006）总结的工程、单个系统和社会—生态系统三种韧性特点，反映出现有系统并不一定存在均衡状态，而是处在不断调整适应中，因而恢复到初始状态本身就很难。鉴于此，Simmie 和 Martin（2010）、Martin 等（2016）从演化视角提出区域韧性是系统通过对产业、技术和制度等系统要素进行适应性重组，减轻冲击并吸取经验实现系统更新升级的能力，在此过程中，韧性也会因系统发生改变而产生动态演化；Wang 和 Wei（2021）强调区位条件、产业专业化水平、技术创新和制度建设等要素变化会影响区域经济系统韧性。韧性理论是在工程学、灾害学、生态学和经济学研究中不断形成和完善的，它对于科学判断和剖析不同复杂系统是否能够有效抵御潜在危机、实现适应性升级和可持续发展的能力有着十分重要的作用。现有研究通常以区域经济系统（张婷婷，2018）及区域金融系统（王芳，2020）、城市系统（解星，2019）及乡村社区系统（王亚楠等，2021）、产业经济系统（于伟、张鹏，2019）及产业生态系统（廉倩文，2021）等为主要研究对象，基于韧性或研究主体的内涵，从相应维度选取代表性指标对不同系统进行评价分析，在这种由单维的区域经济、生态环境、产业发展系统逐渐转化为经济—社会—自然复合生态系统的过程中逐渐形成和完善了系统韧性理论。

从制造业产业链的内部生产环节和价值取向来看，制造业产业链可以视作一个典型的经济系统，但从产业链与外部社会和自然环境的密切影响与交互作用来看，它又是一个十分复杂的复合系统。因此，本书旨在基于系统韧性理论，探讨系统内部要素、结构和功能等的动态演化和分异过程，并判断系统自身稳定状态的阈值以及是否具备适应升级的韧性特征。

五 区域经济韧性理论

关于区域经济韧性（Regional Economic Resilience）的研究大致可以分为两个阶段：2002~2010 年的起步发展阶段和 2010 年至今的

探索研究阶段（孙久文、孙翔宇，2017）。Reggiani 等（2002）认为，韧性的概念与空间经济学中出现的"适应性学习""路径依赖"等概念具有某种联系，并提出韧性是分析经济系统演化路径的有效工具。此后，韧性的概念被正式引入经济学领域。

在第一阶段，学界关于区域经济的研究主要基于其他学科如生态学的理论而展开，尚处于概念界定和理论分析框架构建阶段，且这一阶段关于韧性是否适合引入经济学领域存在较大的争议（Martin and Sunley，2015）。在第二阶段，区域经济韧性研究进入快速发展阶段，由于分析视角的差异，不同学者对区域经济韧性有不同的理解，目前认可度较高的是 Martin 提出的"4R"维度，即从抵抗力、恢复力、重新定位以及复兴维度理解区域经济韧性内涵。也有部分学者提出了新的理论分析框架，如 Simmie 和 Martin（2010）基于 Holling 和 Gunderson（2002）的研究分析了社会—生态系统演化过程的适应性理论和多尺度嵌套适应循环理论，提出了区域经济韧性理论。区域经济韧性理论认为，构成区域经济体的企业、组织和机构等都在不断变化和适应其经济环境，因此区域经济韧性也在经历动态演化的过程，其演化过程可分为四个阶段和两种循环。

区域经济韧性四个演化阶段为重组阶段（Reorganization Phase）、开发阶段（Exploitation Phase）、保存阶段（Conservation Phase）和释放阶段（Release Phase），每个阶段表现为三个维度不同程度的变化（见图 2-1）。两种循环为：①特定经济结构和增长路径的"出现—发展—稳定"（开发阶段—保存阶段）；②该结构和增长路径的"僵化—衰退—开辟新的增长路径"（释放阶段—重组阶段）。图 2-2 为区域经济系统不同演化阶段的韧性和资本积累表现情况。

结合图 2-1 和图 2-2 可知，在开发阶段，区域经济系统演化具有不确定性，其潜力和要素关联度均处于较低水平，但随着新产业、新技术的发展，本土经济竞争优势显现，区域内的生产力、

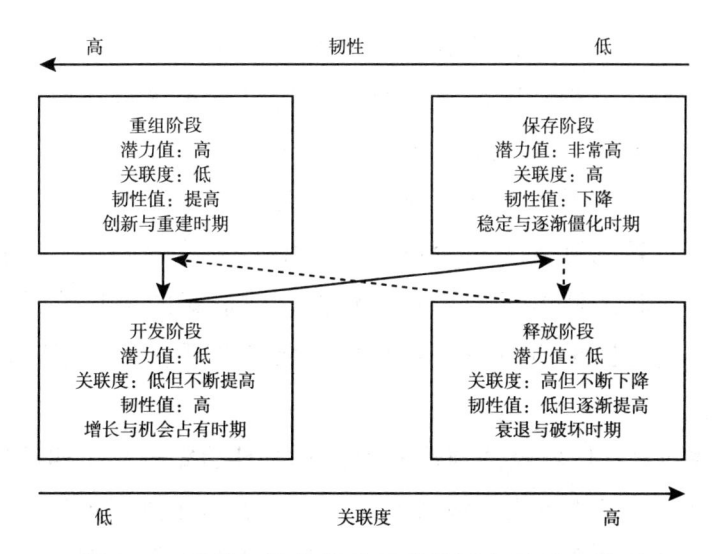

图 2-1　区域经济韧性的四阶段适应性循环模型

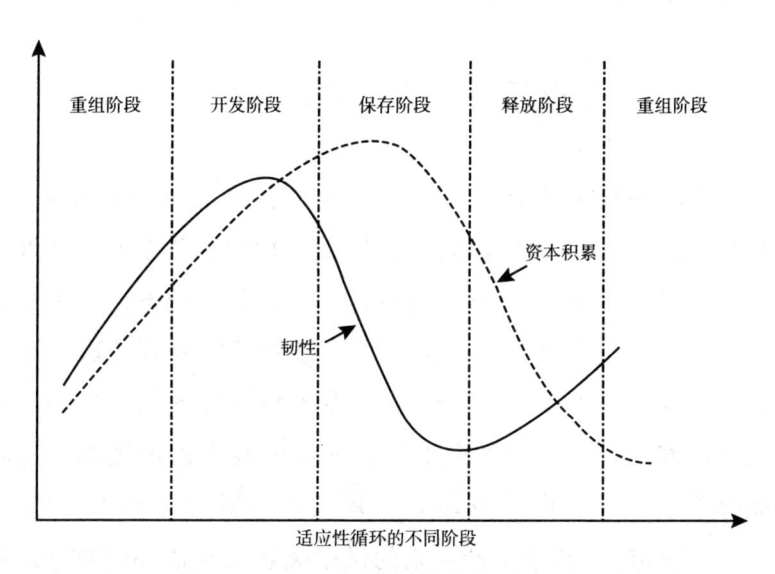

图 2-2　区域经济韧性周期演化过程

人力和知识资本逐渐积累。到保存阶段，区域经济各组成部分之间的关联度增加，资本积累达到顶峰。然而，随着这种持续的增长，区域内的发展模式日趋僵化，应对潜在冲击的韧性下降。一且出现外部冲击，结构性衰退和增长动力丧失随之而来，系统则进入释放阶段，此时区域内的企业和资源技术逐渐外移，要素关联度下降，旧的生产模式和体制模式逐渐解体，资源得到释放，但同时这也赋予了系统创造新的增长路径的可能。在已释放资源的作用下，系统进入重组阶段，并开始不断进行创新、实验和重组活动，此时区域内要素关联度较低，创造新的增长路径的潜力很大，系统韧性也不断提高，并将区域经济系统带入下一阶段的循环演化。

整体而言，区域经济韧性的理论框架日趋完善，而四阶段适应性循环模型为理解区域经济系统韧性的动态演化过程提供了一个新的范式，同时明确了其韧性与区域经济发展的阶段性特征间的关系，也为理解产业链韧性的演化过程提供了理论支持。

第二节　产业关联理论

产业关联是指在社会再生产过程中，各产业部门间相互依存、相互制约的经济联系（李善同、钟思斌，1998；苏东水，2000；王莉莉、肖雯雯，2016）。产业关联理论认为，各产业部门不是独立的经济体，任何一个产业部门的生产加工过程都需要其关联产业部门提供资源要素，其生产加工形成的最终产品或服务也将作为中间投入流入其他部门。在关联方向上，依据供给与需求的关系，可将产业关联分为前向、后向以及环向关联三种类型（黄利秀、张华忠，2018）。产业部门间基于生产要素的供给关系与其他部门建立的关联称为前向关联，后向关联则反映产业部门间的需求关系，而环向关联是由前向关联与后向关联构成的"环形"关系。图2-3展示了产业关联的三种类型，假设产业A是B的上游产业，C是B的下游产业，即A向B提供要素，B生产加工后的产品流向C，那么B的后向关联产业是A（关联方式①），B的前向关联产业是C（关联方式②）。若 A 的要素流动到 B 再返回到 A，则 A-B-A 构成了环向关联（关联方式①+③）。

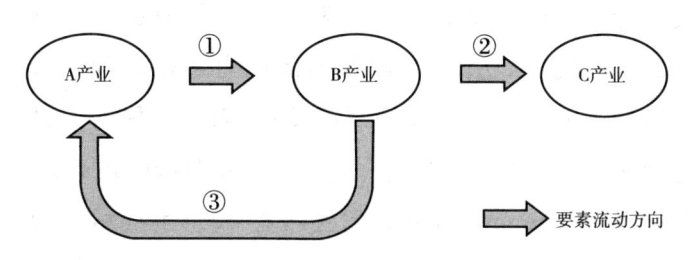

图 2-3 产业关联的三种类型

在关联程度上，产业关联分为直接关联与间接关联（静远，2019）。若两个产业之间无须通过其他产业介入，而是直接发生产品或服务的来往则称为直接关联，如 A 与 B；若两个产业无直接产品或服务的来往，而是通过中介如产业网络的其他部门建立联系则称为间接关联，如 A 与 C。产业关联理论阐述了国民经济各产业部门之间复杂的供给与需求关系，在这种关系下，各产业部门相互关联形成交错复杂的网状结构，构成复杂网络系统。

第三节　产业链理论

产业链（Industry Chain）理论可追溯到西方古典经济学家亚当·斯密提出的社会分工理论，他在《国富论》一书中提到"工业生产是一系列迂回生产的链条"。Hirschman（1958）在《经济发展战略》一书中阐述了产业链前后向联系对经济发展的重要意义，产业链分工的概念也由流程分工拓展至企业间分工协作。众多学者将企业间产业分工视作产业链理论的正式起源（魏然，2010）。Williamson（1981）提出产业链是一种客观衍生的产业组织形态，是在社会生产和经营过程中自然形成的。价值链（Value Chain）与产业链的概念相关。Porter（1985a）在《竞争优势》中首次提出价值链概念，他认为价值链分析是以企业作为研究对象，研究企业价值活动对企业与供应商之间的利益影响，而一系列创造价值的活动总和构成价值链，不同产业或产品具有各自的价值链。产业链整合可以打造企业核心能力，并且可以将不同能力进行整合，从而创造出新的价值（Mahoney and Pandian，1992），而其发展的关键就在于不同的企业要如何形成和提升价值链（Lund-Thomsen and Lindgreen，2014）。供应链（Supply Chain）是另一个和产业链相关的概念，是指微观层面的企业之间建立的以供需协作为主线的合作伙伴关系（Tsiakis et al.，2001）。中国《物流术语》将供应链定义为产品或服务在生产流通中与上下游企业合作所形成的网络结构。有学者基于微观层面，利用供应链机制分析了业务流程再造热潮，阐述了响应顾客需求、赢得消费者忠诚度以及创造企业核心竞争力的重要性（Hammer and Champy，2007）。国外学者侧重于从企业角度研究企业纵向整合和企业跨组织资源整合问题，从价值链和供应链等角度进行经济学分析，偏向微观与中观相结合，缺乏宏观层面研究。伴随价值链和供应链研究的兴起，国外针对产业链这一传统理论的研究被弱化（刘志迎、赵倩，2009）。

国内对产业链理论的深入研究始于20世纪90年代，最早是关于农业产业链的研究，进而拓展到制造业、建筑业和生物医药业等多个领域。国内学者通过对产业链的形成机理与优化整合等方面的不断探究，逐渐形成并完善了产业链理论。①产业链的形成机理。刘贵富（2007）认为，经济学中的交易费用理论和价值链理论、管理学中的博弈论和资源依赖理论、社会学中的利益相关者理论和社会关系理论等共同形成了产业链理论的根源。产业链始于自然资源又止于消费市场，是建立在产业分工合作和供需关系基础上的生产图谱，主要包括垂直的供需链和横向的协作链。其中，基于供需角度的产业链体现了由生产到消费的上、中、下游分工合作关系，横向协作指的是产业关联和产业配套关系。学者们在此基础上进一步从价值链增值（黄群慧、倪红福，2020）、产业集群（胡黎明、赵瑞霞，2017）、企业战略联盟（谢莉娟等，2016）等角度分析了产业链的形成机制。在供需链、价值链、企业链和空间链四个维度相互对接的均衡过程中，产品供需是生产前提，价值链是产业链的核心，企业分工协作是产业链主体收益最大化的首要选择，而产业集群则反映了产业链的空间分布特征。②产业链的优化整合。郑大庆等（2011）构建了"5+4+3"的产业链整合理论框架，提出在新技术革命冲击下成本与收益的变化决定了产业链处于不断整合的过程中，中间任何要素的逻辑结构发生改变都可以视作产业整合。新古典经济学的均衡论无法完全解释这一动态过程，需要从演化视角分析产业链问题。产业链整合是基于价值链或生产链进行纵向整合和协调优化，目的是控制成本进而更好地发挥分工协同效应，它的整合模式主要包含纵向一体化、横向一体化、产业链融合等。

第四节　全球价值链理论

全球价值链是由早期产品价值链、全球商品链等概念演化而来的（马风涛，2019）。美国学者 Porter 较早提出了价值链的概念，将单个企业的价值创造过程细分为若干个既相互独立又彼此联系的生产经营活动。随后，Porter（1985b）又将原本局限于单个企业的价值链扩展到了多个企业间，提出"价值链系统"。随着科学技术的迅速发展、社会分工的不断细化以及运输成本的逐渐下降，从原料供应到产品生产及销售的合作不再局限于某个经济体或者某个区域，跨区域合作普遍出现，于是 Gereffi 和 Korzeniewicz（1994）将价值链和产业链的全球组织联系起来，提出了"全球商品链"。"全球商品链"的形成意味着全球资源配置的实现，突出了价值在生产链中的创造、传递与增值，突破了"商品"的局限性（杨翠红等，

2020)。进一步，Gereffi 等（2005）使用"全球价值链"来考察全球生产网络中企业间价值分布及其治理结构。之后，众多机构和学者对全球价值链进行了概念界定，如联合国工业发展组织（United Nations Industrial Development Organization，UNIDO）提出，全球价值链是为实现商品或服务价值而连接生产、销售、回收处理等过程的全球性跨企业网络组织，涉及从原料采购和运输、半成品和成品的生产和分销直至最终消费和回收处理的整个过程。在整个过程中，世界各国参与全球价值链分工的地位不同。高级要素充足的发达国家占据了全球价值链分工的高端环节，而高级要素相对不足的发展中国家只能被迫参与全球价值链分工的低端环节（马风涛，2019）。

全球价值链的形成是基于跨国公司对全世界资源进行的调配整合，分为生产者驱动、购买者驱动及混合型驱动（Gereffi et al.，2005；张辉，2006）。生产者驱动是由生产者投资推动，进而刺激市场需求的产生，形成由全球生产供应商引导的垂直分工体系，侧重于前端研发、设计环节。购买者驱动是由购买者的销售渠道和品牌影响力推动，将世界范围内的贴牌生产商与采购商联系起来，从而形成跨国或跨区域的商品流通体系，侧重于后端营销、服务环节。混合型驱动是来自实际出现的无法单纯地用生产者驱动及购买者驱动解释的情况，需要根据实际问题进行具体分析。

关于全球价值链治理，Humphrey 和 Schmitz（2002）认为，全球价值链治理是利用不同企业间的关系安排及制度机制，实现全球价值链内不同环节、经济活动的非市场协调，并将其治理模式分为市场型、等级制、网络形式。基于 Humphrey 和 Schmitz（2002）的分类，Gereffi 等（2005）将全球价值链治理模式细分为市场型、模块型、关系型、领导型及层级型。全球价值链的整合包括三类：价值链延伸即基于主导型多元化战略的并购整合，其特点是结合上下游价值链、前后环节，形成垂直一体化的规模经济，进而提高企业生产效率；价值链扩散即基于相关型多元化战略的并购整合，其特点体现为企业经营或业务活动上的关联性；价值链互补即无关型多元化战略的并购整合，其特点表现为企业最大限度地利用世界范围内现有的各种资源，寻求发展机会，促进企业自身不断成长壮大。

第三章　中国制造业各行业产业链韧性测度

现有产业链韧性的研究以内涵界定、内在逻辑和路径优化为主，鲜有关于产业链韧性测度方法和测度指标体系的系统研究。因此，本章在前两章的理论研究基础上，确定制造业各行业产业链韧性的测度方法。首先，明确产业链韧性指标体系的构建要求和构建原则，提出产业链韧性的分析框架，并对构建的制造业各行业产业链韧性体系进行详细解释说明；其次，选取适用本章内容的产业链识别模型和产业链韧性测度模型；最后，对数据的来源及处理进行解释说明。

第一节　测度指标体系构建

一　理论分析框架

从产业关联理论看，制造业产业链是其内部细分行业在彼此分工和相互供需的基础上，基于一定的技术经济关联并依据特定的逻辑和时空关系客观形成的复杂链网式系统。而制造业产业链韧性是制造业内部细分行业相互关联形成的复杂网络结构赋予其高效化解冲击扰动的能力，表现为有效抵御冲击的能力、从冲击中恢复的能力、调整适应新环境的能力以及持续拓展新增长路径的能力。

产业链系统的基础构成包括产业节点和产业关联链条，因此产业链韧性可划分为节点韧性和链条韧性。依据 Martin（2012）的"4R"思想，本节提出制造业各行业产业链韧性的分析框架（见图3-1）。其中，节点韧性主要从抵抗力、恢复力、调整适应力和持续增长力4个维度考察上下游行业（产业部门）对核心行业（产业部门）的供给与需求强度以及核心行业（产业部门）自身有效应对冲击的能力；链条韧性则考察核心行业（产业部门）与关联行业（产业部门）之间的影响作用。

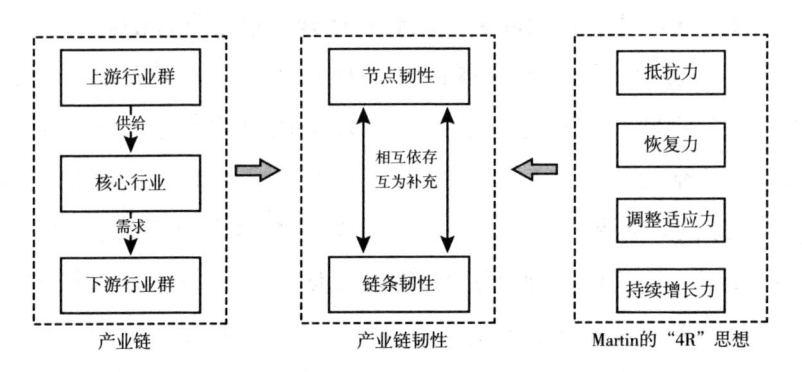

图 3-1 制造业各行业产业链韧性分析框架

二 指标体系构建

（一）指标体系构建要求

从现有的以"韧性"为主题的相关研究来看，测度方法主要有核心指标法和综合指标分析法。核心指标法具备可操作性和可比性较强的优点，且一般不受指标数据缺失的影响，但难以适用于本书产业链韧性的测度。一方面，指标的选取要求较高，所选择的指标要对外部冲击敏感且能够反映研究对象的绝大部分信息；另一方面，本书研究我国制造业各细分行业的产业链韧性，行业之间关联效应较明显，仅以核心指标刻画较难分析各行业的比较优势和提升空间。因此，本书选择构建多维度指标体系来测度我国制造业各行业产业链韧性水平。

科学合理的指标体系是识别我国制造业各细分行业产业链韧性表现的前提。本书构建的我国制造业各行业产业链韧性指标体系，必须满足以下要求。

（1）需紧扣产业链韧性的内涵，选取指标时要抓住产业链的产业关联本质以及演化韧性的自我学习和适应调整能力的重点。产业链是特殊的经济体，产业链韧性的指标选取与测度方法可以借鉴经济韧性、区域经济韧性的相关成果，但必须体现产业链韧性的内涵特征。

（2）需符合我国产业发展的政策规划要求。习近平总书记高度重视产业链的韧性与安全稳定问题，多次做出重要批示和指示。国家发展改革委会同有关部门就提升产业链供应链韧性，提出要体现"运行更稳、结构更优、后劲更足、竞争力更强"的四个"更"。此外，增强产业链韧性是推进产业链现代化和构建新发展格局的重要内容，构建的产业链韧性指标体系要与当前的国家政策相契合。

（3）需考虑制造业"实体经济"的特殊性，构建指标体系时需考虑制造业与农业、服务业等产业的区别，指标体系中要有针对制造业行业层面的指标。

（二）指标体系构建原则

1. **科学性原则**

本书构建的我国制造业各行业产业链韧性的指标体系需建立在科学分析的基础上，围绕产业链韧性的科学内涵，遵循前文中提到的指标体系构建要求，并在国内外已有的研究成果和相关理论基础上，选取最具有代表性的指标。此外，指标的选取还需适量，过多或过少的指标都容易影响评价结果，并注意指标间是否会相互影响，尽可能减少容易影响评价结果准确性的因素。

2. **全面性原则**

产业链韧性是产业链与韧性相结合的综合性概念，指标选取过程应厘清各指标的含义和关系,并从不同维度分层次、有依据地选取,在数据可获得的前提下,尽可能筛选出少数且能全面反映产业链韧性的内涵特征的指标,同时还需考虑正向与负向指标,避免指标的单一性干扰评价结果。

3. 可操作性原则

由于本书的研究对象为我国制造业各细分行业,行业层面的数据获取在一定程度上受限,选取指标时必须考虑数据的可获得性和可比性,保证数据客观、真实、有效地反映研究对象的特征。此外,由于本书部分数据来源于中国投入产出表,研究区间为2007~2017年,容易存在统计口径不一致和数据缺失的情况。统计口径不一致时应尽量选取比值型指标,而对于数据较难获取和缺失严重的指标应予以剔除。

(三) 具体指标解释与说明

本章基于产业链韧性可划分为节点韧性与链条韧性的思路,在节点韧性维度从抵抗力、恢复力、调整适应力、持续增长力4个方面选取17个二级指标,在链条韧性维度选取2个二级指标构建我国制造业各行业产业链韧性的综合指标体系(见表3-1)。

表3-1 我国制造业各行业产业链韧性指标体系

目标层	维度	准则层	指标层
我国制造业各行业产业链韧性	节点韧性	抵抗力	上游行业群供给强度(万元)(+)
			固定资产实际到位资金(亿元)(+)
			规模以上工业企业单位数(个)(+)
			流动资产合计(亿元)(+)
			资产负债率(%)(-)
			成本费用利润率(%)(+)
			外贸依存度(-)
		恢复力	行业产值占比(%)(+)
			主营业务收入占比(%)(+)

续表

目标层	维度	准则层	指标层
我国制造业各行业产业链韧性	节点韧性	调整适应力	固定资产投资总额(亿元)(+)
			平均用工人数(万人)(+)
			项目建成投产率(%)(+)
		持续增长力	R&D人员全时当量(人年)(+)
			R&D经费支出(万元)(+)
			发明专利申请数(件)(+)
			单位产值能源使用量(吨标准煤/亿元)(-)
			下游行业群需求强度(万元)(+)
	链条韧性	—	加权影响力系数(+)
			加权感应度系数(+)

注：(+)表示正向指标，(-)表示负向指标。

1. 节点韧性

抵抗力是指外部冲击扰动来临时，系统表现出的脆弱性或敏感性。本章在暴向平和张学波（2021）、王泽宇等（2022）的研究基础上，选取要素供给、基础设施水平、产业规模、资产流动水平、盈利能力以及外贸依存度6个方面的指标。其中，要素供给是投入产出表第一象限中上游行业群对核心行业的中间投入；基础设施水平以行业固定资产实际到位资金衡量，固定资产是企业生产运营的基础，实际到位资金越多，企业越能够建立高质量、高水平的基础设施，该指标为正向指标；产业规模以规模以上工业企业单位数衡量，规模以上工业企业越多，区域内产业集聚现象越可能发生，该行业整体抵抗外界冲击的能力越强；资产流动水平以正向的行业流动资产合计和负向的行业资产负债率衡量；用成本费用利润率来表征盈利能力，成本费用利润率越高，同等成本的情况下获得的利润越高，该指标为正向指标。外贸依存度是指一个地区对国际贸易的依赖程度，一般以某一时期某一地区的进出口总额与该地区的GDP比值衡量。本章参考徐澈（2021）的做法，使用投入产出表中"进口"与"出口"两项之和作为进出口总额，由于制造业各行业的增加值数据较难获取，本章使用投入产出表中"总产出"作为各行业的 GDP 代理指标，最终求解各行业对国际贸易的依赖程度。

恢复力是指冲击扰动后系统能够恢复的速度和程度，本章在崔耕瑞（2021）和王泽宇等（2022）的基础上，选取行业产值占比和主营业务收入占比两个指标。行业产值占比，即各行业产值占制造业总产值的比重，表征行业的产值产出能力；主营业务收入占比，即各行业主营业务收入占制造业总收入的比重，表征行业的产值稳定能力，两者均为正向指标。

调整适应力是指系统能够改变现有资源结构，实现发展路径调整更新的能力。本章参考丁建军等（2020）、韩增林等（2022）的做法，选择了固定资产投资总额、平均用工人数以及项目建成投产率三个具体指标。固定资产投资总额和平均用工人数越多，行业的资本资源越丰富，两项指标均为正向指标。项目建成投产率表征行业的资源配置能力，通过计算行业全部建成投产项目占施工项目的比重确定，该指标也为正向指标。

持续增长力是指系统能够通过不断学习寻找新的路径，并保持可持续发展状态的能力。结合吴忠涛等（2014）、佟明亮（2021）的做法，本章选取的指标为 R&D 人员全时当量、R&D 经费支出、发明专利申请数、单位产值能源使用量以及下游行业群需求强度。其中，下游行业群需求强度为投入产出表第一象限中下游行业群对核心行业的中间使用，中间使用越多，该行业向下游输送的产品越多，该行业的发展潜力越大，因此该指标为正向指标。

2. 链条韧性

链条韧性考察核心行业与关联行业之间的影响作用程度。受限于指标的可测度性，本章选取加权影响力系数与加权感应度系数两个指标来衡量产业关联度。传统依据里昂惕夫系数矩阵计算出来的影响力系数与感应度系数忽略了各产业部门在国民经济中的重要程度不一致，因此本章参考刘起运（2002）的做法，构建加权影响力系数与加权感应度系数。影响力系数是国民经济某一部门增加一个单位最终产品时,带动其他部门的产品增加量;感应度系数是国民经济各产业部门均增加一个单位最终使用时,某一部门由此需增加的产品供应量。影响力系数表征某一部门对其他部门的拉动作用,感应度系数则反映其他部门对某一部门的推动作用。影响力系数与感应度系数越大的行业,其在产业部门中往往处于越高的地位,这两个指标均属于正向指标。

关于加权影响力系数与加权感应度系数的计算公式如下。

加权影响力系数的计算公式为:

$$F_j = \frac{\sum_{i=1}^{n} l_{ij}}{\sum_{j=1}^{n}(\alpha_j \sum_{i=1}^{n} l_{ij})} (i,j = 1,2,3,\cdots,n) \qquad (3-1)$$

其中,α_j 为 j 产业的最终产品量 y_j 占国民经济最终产品总量 Y 的比例,l_{ij} 为里昂惕夫逆矩阵系数。

加权感应度系数的计算公式为:

$$E_i = \frac{\sum_{j=1}^{n} g_{ij}}{\sum_{i=1}^{n}(\beta_i \sum_{j=1}^{n} g_{ij})} (i,j = 1,2,3,\cdots,n) \qquad (3-2)$$

其中,β_i 为 i 产业的初始投入量 N_i 占国民经济初始投入总量 N 的比例,g_{ij} 为高斯逆矩阵系数。

第二节 产业链识别模型

一 产业链识别理论模型

在现代化产业分工体系下,各产业部门之间存在较强的技术经济关联,这种技术经济关联可以通过前向与后向关联识别。依据价值型投入产出表中的行平衡和列平衡关系,可以得到如下等式:

$$AX + Y = X \tag{3-3}$$

$$X^{\mathrm{T}}H + Y^{\mathrm{T}} = X^{\mathrm{T}} \tag{3-4}$$

其中，X 为总产出列向量，$X = (X_1, X_2, \cdots, X_n)^{\mathrm{T}}$，$X^{\mathrm{T}}$ 为 X 的转置；Y 为包含其他最终产品的最终产品列向量，Y^{T} 为 Y 的转置。

A 为直接消耗系数矩阵，其系数 a_{ij} 表示 j 部门生产一单位产品对 i 部门产品的直接消耗量，计算公式如下：

$$a_{ij} = \frac{x_{ij}}{X_j}(i, j = 1, 2, \cdots, n) \tag{3-5}$$

其中，a_{ij} 为 j 部门对 i 部门的直接消耗系数，x_{ij} 为 j 部门生产对 i 部门的消耗量，X_j 为 j 部门的总产值。

H 为直接分配系数矩阵，其系数 h_{ij} 表示 i 部门分配给 j 部门的中间使用量占 i 部门总产值的比重，计算公式如下：

$$h_{ij} = \frac{x_{ij}}{X_i}(i, j = 1, 2, \cdots, n) \tag{3-6}$$

通过求解式（3-3）和式（3-4），可以得到：

$$X = (I - A)^{-1}Y \tag{3-7}$$

$$X^{\mathrm{T}} = Y^{\mathrm{T}}(I - H)^{-1} \tag{3-8}$$

$$B = (I - A)^{-1} - I \tag{3-9}$$

$$W = (I - H)^{-1} - I \tag{3-10}$$

其中，$L = (I - A)^{-1}$ 称为里昂惕夫（Leontief）逆矩阵，由里昂惕夫逆矩阵可求出完全消耗系数矩阵 B，其系数 b_{ij} 表示 j 部门的单位产出对 i 部门产品的完全消耗量，称为完全消耗系数；而 $G = (I - H)^{-1}$ 称为高斯（Ghosh）逆矩阵，由高斯逆矩阵可求出完全分配系数矩阵 W，其系数 w_{ij} 表示 i 部门单位产出中全部分配给 j 部门的数量，称为完全分配系数。此外，考虑到在社会再生产过程中，各产业部门不是独立的经济体,任何一个产业部门都需要与其他产业部门建立联系,因此本章在计算相关系数时,未将制造业行业单独处理,而是将制造业放在国民经济全行业中进行计算。

二 上游行业群识别模型

本章在司增绰(2014)、戴文娇和曹建海(2021)基于投入产出表识别产业链的基础上,以我国制造业细分行业为核心行业,识别各核心行业的上下游行业群,由此刻画产业链。

(1)对核心行业供给强度较大的上游行业:选取 a_{ij} 最大的 10 个行业,构成对核心行业供给强度较大的上游行业。

(2)对核心行业发展约束性较强的上游行业:选取完全消耗系数与直接消耗系数比值 S_{ij} 最小的 10 个行业,构成对核心行业发展约束性较强的上游行业。

$$\min S_{ij} = \min \frac{b_{ij}}{a_{ij}} (i,j = 1,2,\cdots,n, a_{ij} \neq 0) \quad (3-11)$$

三 下游行业群识别模型

(1)对核心行业需求强度较大的下游行业:选取 h_{ij} 最大的 10 个行业,构成对核心行业需求强度较大的下游行业。

(2)对核心行业发展扩张性较强的下游行业:选取完全分配系数与直接分配系数比值 I_{ij} 最大的 10 个行业,构成对核心行业发展扩张性较强的下游行业。

$$\max I_{ij} = \max \frac{w_{ij}}{h_{ij}} (i,j = 1,2,\cdots,n, h_{ij} \neq 0) \quad (3-12)$$

第三节 产业链韧性测度模型

本章采用熵权-TOPSIS 模型测度以制造业细分行业为核心的产

业链韧性。TOPSIS 是一种借助多属性问题的正负理想解对评价对象进行排序的评价模型。正理想解是评价对象中各个指标值均达到最优的集合，负理想解则是各指标值的最差集合。

假设共有 m 个评价对象，每个评价对象有 n 个评价指标。设 $X = (x_{ij})_{m \times n}$ 为各行业各指标组成的矩阵，其中 x_{ij} 表示第 $i(i = 1, 2, \cdots, m)$ 个行业的第 $j(j = 1, 2, \cdots, n)$ 个指标值。x_j 为矩阵 X 的第 j 列，计算步骤如下。

1. 数据的规范化

正向指标：

$$r_{ij} = (x_{ij} - \min x_j)/(\max x_j - \min x_j) \quad (3-13)$$

负向指标：

$$r_{ij} = (\max x_j - x_{ij})/(\max x_j - \min x_j) \quad (3-14)$$

其中，$\min x_j$、$\max x_j$ 分别为第 j 项指标下最小与最大的样本值。

2. 计算评价指标的熵权

依据各项指标值的变异程度反映出来的熵值 E_j，计算各指标的权重 w_j：

$$E_j = -k \sum_{i=1}^{m} y_{ij} \ln y_{ij} \quad (3-15)$$

其中，$y_{ij} = \dfrac{r_{ij}}{\sum_{i=1}^{m} r_{ij}}$，$k = \dfrac{1}{\ln m}$。

$$w_j = \frac{1 - E_j}{\sum_{j=1}^{n}(1 - E_j)} \quad (3-16)$$

3. 构造加权规范化矩阵 V

以熵权 w_j 构成权重矩阵 W，对规范化后的数据 y_{ij} 进行加权，得到加权规范化矩阵 V：

$$V = (v_{ij})_{m \times n} = \begin{bmatrix} w_1 y_{11} & w_2 y_{12} & \cdots & w_n y_{1n} \\ w_1 y_{21} & w_2 y_{22} & \cdots & w_n y_{2n} \\ \vdots & \vdots & & \vdots \\ w_1 y_{m1} & w_2 y_{m2} & \cdots & w_n y_{mn} \end{bmatrix} \qquad (3-17)$$

4. 确定评价对象的正负理想解

基于加权规范化矩阵 V，定义正负理想解 V^+、V^- 为：

$$V^+ = (v_j^+)_{j \in J} = \{(\max v_{ij} | j \in J) | i = 1, 2, \cdots, m\} \qquad (3-18)$$

$$V^- = (v_j^-)_{j \in J} = \{(\min v_{ij} | j \in J) | i = 1, 2, \cdots, m\} \qquad (3-19)$$

其中，J 为规范化处理后的指标集。

5. 计算距离

基于加权规范化矩阵 V 和正负理想解，计算评价对象与正理想解的距离 d_i^+ 以及与负理想解的距离 d_i^-：

$$\begin{cases} d_i^+ = \sqrt{\sum_{j=1}^{n} w_j (v_{ij} - v_j^+)^2} \\ d_i^- = \sqrt{\sum_{j=1}^{n} w_j (v_{ij} - v_j^-)^2} \end{cases} \qquad (3-20)$$

6. 计算评价对象与理想解的相对贴近度 C_i

基于评价对象与正负理想解的距离 d_i^+、d_i^-，得到相对贴近度 C_i：

$$C_i = \frac{d_i^-}{d_i^+ + d_i^-} \qquad (3-21)$$

需要说明的是，当评价对象的指标体系具有多个层次时，多层次评价模型则更加适用。该模型是在单层次评价模型的基础上，利用低层次原始指标数据计算出的相对贴近度赋值为高层次的指标值，逐层求解得到最终评价结果。

第四节 数据来源及说明

囿于投入产出表的特殊性和数据更新的延迟,本章最终选取2007年、2012年及2017年42个产业部门(也即行业)的中国投入产出表以及2010年与2015年中国投入产出延长表作为计算依据,各投入产出表的数据均来自国家统计局。此外,本章涉及的其他数据来自国家统计局公布的2008~2018年《中国统计年鉴》和《中国工业统计年鉴》,个别缺失数据使用前后年限的平均增长率插值补齐。

由于不同年份的投入产出表42个产业部门分类具有差异性,为纵向对比分析各细分行业的差异,本章在赵巧芝和闫庆友(2017)以及黄庆华和胡梦佳(2021)的基础上,对我国42个产业部门进行了统一口径归并整理,最终确定39个部门(见表3-2)。其中,将2012年、2015年、2017年的通用和专用设备制造业合并处理;将2007年的"工艺品及其他制造业""废品废料"、2012年与2015年的"其他制造产品""废品废料""金属制品、机械和设备修理服务"、2017年的"其他制造产品和废品废料""金属制品、机械和设备修理服务"统一合并为"其他制造业";将2007年与2010年的"交通运输及仓储业"和"邮政业"合并处理;将2007年、2010年、2017年"研究与试验发展业"和"综合技术服务业"合并处理。合并后的39个部门名称及代码如表3-2所示,其中代码06至21共16个产业部门为本章的研究对象。

表3-2 产业部门(行业)及代码

代码	部门名称	代码	部门名称	代码	部门名称
01	农林牧渔产品和服务业	03	石油和天然气开采产品业	05	非金属矿和其他矿采选产品业
02	煤炭采选产品业	04	金属矿采选产品业	06	食品和烟草业

续表

代码	部门名称	代码	部门名称	代码	部门名称
07	纺织品业	18	电气机械和器材业	29	信息传输、软件和信息技术服务业
08	纺织服装鞋帽皮革羽绒及其制品业	19	通信设备、计算机和其他电子设备业	30	金融业
09	木材加工品和家具业	20	仪器仪表业	31	房地产业
10	造纸印刷和文教体育用品业	21	其他制造业	32	租赁和商务服务业
11	石油、炼焦产品和核燃料加工品业	22	电力、热力的生产和供应业	33	科学研究与技术服务业
12	化学产品业	23	燃气生产和供应业	34	水利、环境和公共设施管理业
13	非金属矿物制品业	24	水的生产和供应业	35	居民服务、修理和其他服务业
14	金属冶炼及压延加工品业	25	建筑业	36	教育业
15	金属制品业	26	批发和零售业	37	卫生和社会工作
16	通用、专用设备业	27	交通运输、仓储和邮政业	38	文化、体育和娱乐业
17	交通运输设备业	28	住宿和餐饮业	39	公共管理、社会保障和社会组织

第五节　测度结果分析

本章以 2007~2017 年为研究期间，以我国制造业 16 个细分行业为研究对象，具体展开产业链韧性的测度研究。首先，以 12 化学产品业为例展示其产业链识别结果；其次，根据构建的指标体系测度 16 个细分行业的产业链韧性，并从整体和子系统两个层面展开分析；最后，基于研究期内产业链韧性的算术平均值，利用层次聚类分析法将 16 个细分行业的产业链划分为"强韧性—较强韧性—中等韧性—较低韧性—低韧性"5 个不同韧性等级，为有针对性地提出产业链韧性的提升路径奠定基础。

一 产业链识别结果

本章依据前文的产业链识别模型，以 2007 年、2010 年、2012 年、2015 年及 2017 年合并后的 39 个部门投入产出表中的基本流量表为母表，利用 Excel 求解出各产业关联系数。由于各产业部门涉及的数据较多，本章以产业链韧性较好的 12 化学产品业为例，展示 2007~2017 年与其关联紧密的上下游行业群识别过程。其中，表3-3 与表3-4 为对 12 化学产品业供给强度较大和发展约束性较强的上游行业，表3-5 与表3-6 为对 12 化学产品业需求强度较大和发展扩张性较强的下游行业。需要说明的是，本章列举了 12 化学产品业与其自身的产业关联系数，但在后续研究中未将其自身纳入上下游行业群的考虑范围。

表 3-3　2007~2017 年对 12 化学产品业供给强度较大的上游行业

行业	a_{ij} (2017)	行业	a_{ij} (2015)	行业	a_{ij} (2012)	行业	a_{ij} (2010)	行业	a_{ij} (2007)
12	0.401227	12	0.417160	12	0.432660	12	0.410213	12	0.416432
11	0.046452	11	0.051150	11	0.061459	11	0.061174	11	0.063492
26	0.043092	01	0.046944	22	0.041924	22	0.043608	22	0.047238
27	0.037905	22	0.039773	01	0.036513	01	0.031932	01	0.026896
22	0.035773	26	0.035923	26	0.028733	26	0.029574	26	0.025104
01	0.034466	06	0.035208	27	0.028122	03	0.018750	03	0.023081
06	0.022232	27	0.030234	06	0.023303	28	0.017666	28	0.016505
32	0.021570	32	0.023031	30	0.019091	06	0.016126	05	0.016480
02	0.015511	30	0.022190	02	0.017918	16	0.015862	16	0.015225
30	0.014661	02	0.014429	32	0.015318	30	0.015546	06	0.014775
03	0.012000	07	0.014170	07	0.012051	05	0.015434	10	0.013158

表 3-4　2007~2017 年对 12 化学产品业发展约束性较强的上游行业

行业	S_{ij} (2017)	行业	S_{ij} (2015)	行业	S_{ij} (2012)	行业	S_{ij} (2010)	行业	S_{ij} (2007)
12	1.851907	12	2.009550	12	2.005033	12	1.990657	12	1.987182
11	2.380421	11	2.851469	11	2.784526	05	2.165712	05	2.147980
26	2.637704	33	3.299583	26	3.188456	23	2.688421	23	2.739880
27	3.127282	26	3.303237	34	3.304908	11	2.793700	11	2.762349
33	3.137081	34	3.561294	33	3.330145	24	3.088695	24	3.200753
22	3.345077	24	3.589112	24	3.479132	32	3.282819	32	3.377780
01	3.348110	05	3.934379	27	3.706065	28	3.421723	28	3.447641
39	3.374106	27	4.027378	01	3.800915	33	3.540337	33	3.707856
24	3.453933	01	4.042595	22	3.976251	26	3.763792	26	3.802318
13	3.628188	07	4.148141	05	4.011824	01	3.939617	01	3.912407
06	3.673732	32	4.185280	23	4.026623	10	4.047848	10	4.052561

表 3-5　2007~2017 年对 12 化学产品业需求强度较大的下游行业

行业	h_{ij} (2017)	行业	h_{ij} (2015)	行业	h_{ij} (2012)	行业	h_{ij} (2010)	行业	h_{ij} (2007)
12	0.401227	12	0.417160	12	0.432660	12	0.410213	12	0.416432
37	0.094491	37	0.080657	01	0.062629	37	0.073992	37	0.064329
25	0.069449	01	0.062362	37	0.060759	01	0.058360	01	0.060149
01	0.060040	25	0.060514	25	0.050120	18	0.040294	07	0.048909
10	0.033180	13	0.038170	18	0.038324	19	0.039979	19	0.041604
18	0.032439	18	0.035423	19	0.030331	07	0.037977	25	0.039595
07	0.028226	10	0.031117	13	0.030191	17	0.034309	18	0.037105
13	0.027239	19	0.026761	10	0.030087	25	0.033821	10	0.033389
17	0.025701	17	0.025725	07	0.029886	13	0.032548	17	0.028476
19	0.020656	07	0.024081	17	0.026954	10	0.030525	13	0.028010
33	0.019781	16	0.021507	16	0.025441	16	0.025479	16	0.021690

表 3-6　2007~2017 年对 12 化学产品业发展扩张性较强的下游行业

行业	I_{ij} (2017)	行业	I_{ij} (2015)	行业	I_{ij} (2012)	行业	I_{ij} (2010)	行业	I_{ij} (2007)
22	164.620449	22	90.812675	22	80.085149	22	38.320317	22	36.639309
23	81.594824	30	85.013010	30	65.092209	27	20.899993	27	24.797978
30	52.895958	26	27.730389	31	22.961114	23	19.168806	23	20.341532
31	27.222008	31	27.289541	26	22.659573	29	17.628376	30	19.021442
29	21.014030	29	16.853630	23	20.400939	30	17.337203	29	15.001309

续表

行业	I_{ij}(2017)	行业	I_{ij}(2015)	行业	I_{ij}(2012)	行业	I_{ij}(2010)	行业	I_{ij}(2007)
26	14.776138	28	15.663402	29	17.052328	14	11.772624	14	11.781877
39	14.699398	23	14.810843	28	12.525728	39	9.010219	39	10.175507
32	12.093394	14	11.406105	14	10.713830	36	8.229337	26	8.259446
28	9.564401	06	11.307143	39	10.162042	26	7.463930	36	8.090958
06	8.238633	39	10.626382	06	8.910844	11	7.395051	28	7.684449

本章选取直接消耗系数 a_{ij} 较大的 10 个行业构成对 12 化学产品业供给强度较大的上游行业，直接消耗系数是指生产单位产品对某一产业产品的直接消耗量，反映产业部门间的后向关联程度。由表 3-3 可得，2007~2017 年，12 化学产品业后向关联较强的行业主要有 11 石油、炼焦产品和核燃料加工品业，22 电力、热力的生产和供应业，26 批发和零售业，01 农林牧渔产品和服务业，表明 12 化学产品业对这四类行业具有较强的依赖性。此外，12 化学产品业对自身的消耗最大，直接消耗系数保持在 0.4 左右，表明该行业的专业化水平较高。从产业关联效应看，12 化学产品业对国民经济其他行业的整体拉动效应有所减弱，2007~2015 年，12 化学产品业对其他行业的直接消耗系数的平均值均大于 0.02，而 2017 年 12 化学产品业对其他行业的直接消耗系数的平均值为 0.019698。具体而言，受到 12 化学产品业的直接拉动作用，直接消耗系数下降较明显的是 11 石油、炼焦产品和核燃料加工品业以及 22 电力、热力的生产和供应业，直接消耗系数从 2007 年的 0.063492、0.047238 分别下降至 2017 年的 0.046452、0.035773，整体下降了 26.84% 和 24.27%，但两者的消耗排名依旧靠前。此外，在产业结构持续优化下，12 化学产品业的发展也带动了相关行业的发展，受到其直接拉动作用，直接消耗系数增加较明显的是 26 批发和零售业以及 27 交通运输、仓储和邮政业，直接消耗系数从 2015 年的 0.035923、0.030234 分别增加至 2017 年的 0.043092、0.037905，这也反映了 12 化学产品业转

型升级的倾向。

本章选取完全消耗系数与直接消耗系数比值 S_{ij} 最小的 10 个行业构成对 12 化学产品业发展约束性较强的上游行业。由表 3-4 可得，对 12 化学产品业发展约束性较强的行业在 2012 年发生了较为明显的变化，目前正处于产业现代化发展的爬坡期。2007~2010 年对化学产品业发展约束性较强的行业主要是第二产业的采掘业与燃气及水生产和供应业，这一阶段此类行业处于传统生产阶段；2012~2017 年，对化学产品业发展约束性较强的行业主要是第三产业的流通性服务业、消费性服务业等。27 交通运输、仓储和邮政业，33 科学研究与技术服务业以及 22 电力、热力的生产和供应业约束性排名上升较明显，表明科学技术、运输以及基础动力对 12 化学产品业的发展极其重要，行业发展须考虑与此类行业的协同发展，尤其是 33 科学研究与技术服务业，其直接消耗量排名相对靠后，未对 12 化学产品业起到很好的支撑作用。2017 年，11 石油、炼焦产品和核燃料加工品业，26 批发和零售业，27 交通运输、仓储和邮政业，22 电力、热力的生产和供应业，01 农林牧渔产品和服务业，06 食品和烟草业既是对化学产品业供给强度较大的行业，也是对其发展约束性较强的行业，这 6 个行业构成 12 化学产品业最重要的上游行业群，12 化学产品业与此类行业构成相互依存、相互促进的紧密关系。

本章选取直接分配系数 h_{ij} 较大的 10 个行业构成对 12 化学产品业需求强度较大的下游行业，直接分配系数是某产业部门的单位产出中直接分配给另一产业部门的使用量，反映产业部门间的前向关联程度。由表 3-5 可见，2007~2017 年，与 12 化学产品业前向关联最紧密的行业是 37 卫生和社会工作与 01 农林牧渔产品和服务业，尤其是 37 卫生和社会工作近几年对 12 化学产品业的需求消耗上升，两者间的直接分配系数从 2007 年的 0.064329 上升至 2017 年的 0.094491，增长了 46.89%。此外，12 化学产品业的产出流向自身的比重一直稳居第一，进一步印证了该行业的专业化水平较高的结论。

从动态的角度看，2007~2017年，12化学产品业对25建筑业与10造纸印刷和文教体育用品业的推动作用明显增强。从数值上看，12化学产品业对这两个行业的直接分配系数从2010年的0.033821、0.030525分别增加至2017年的0.069449、0.033180；从排名上看，这两个行业从2010年的第7位、第9位（化学产品业自身除外，下同）分别上升至第2位、第4位，这表明12化学产品业对工业发展的贡献度较高，能够较好地推动工业的发展。此外，整体而言，12化学产品业与其他行业的后向直接关联系数小于前向直接关联系数，如2015年与2017年12化学产品业与其他行业的后向平均直接关联系数分别为0.021101、0.019698，前向平均直接关联系数分别为0.025707、0.024888，这表明12化学产品业更容易受其前向关联产业的影响。

本章选取完全分配系数与直接分配系数比值I_{ij}最大的10个行业构成对12化学产品业发展扩张性较强的下游行业。由表3-6可知，对12化学产品业发展扩张性较强的行业同样在2012年发生了较为明显的变化，但扩张性排在前10位的行业除14金属冶炼及压延加工品业与06食品和烟草业外，其他行业均属于服务业。此外，22电力、热力的生产和供应业对12化学产品业的发展扩张性一直居首位，同时该行业也是对12化学产品业供给强度较大和发展约束性较强的行业，表明该行业对12化学产品业的发展至关重要。2012~2017年，对12化学产品业发展扩张性较强的行业主要有30金融业，31房地产业，29信息传输、软件和信息技术服务业，26批发和零售业；23燃气生产和供应业的扩张性排名变化幅度较大，从2015年的第7位上升至2017年的第2位，此类行业能够较好地促进12化学产品业的发展。此外，对12化学产品业需求强度较大和发展扩张性较强且排在前10位的行业中暂无一致的行业，表明该行业具备一定的发展空间，未来能够通过关联行业的协同效应提升自身发展质量。

从上述分析可知，以12化学产品业为核心的前后向关联产业不断变化，其产业链也处于不断变化发展中。因此，本章以 2017 年为例，以 12 化学产品业为中心，上方放置上游行业群，下方放置下游行业群，选取 a_{ij} 降序排在前 10 位和 S_{ij} 升序排在前 10 位的行业构成 12 化学产品业的上游行业群，选取 h_{ij} 和 I_{ij} 值降序排在前 10 位的行业构成 12 化学产品业的下游行业群（见图 3-2）。

01 农林牧渔产品和服务业，02 煤炭采选产品业，03 石油和天然气开采产品业，06 食品和烟草业，11 石油、炼焦产品和核燃料加工品业，13 非金属矿物制品业，22 电力、热力的生产和供应业，24 水的生产和供应业，26 批发和零售业，27 交通运输、仓储和邮政业，30 金融业，32 租赁和商务服务业，33 科学研究与技术服务业，39 公共管理、社会保障和社会组织

↓

12 化学产品业

↑

01 农林牧渔产品和服务业，06 食品和烟草业，07 纺织品业，10 造纸印刷和文教体育用品业，13 非金属矿物制品业，17 交通运输设备业，18 电气机械和器材业，19 通信设备、计算机和其他电子设备业，22 电力、热力的生产和供应业，23 燃气生产和供应业，25 建筑业，26 批发和零售业，28 住宿和餐饮业，29 信息传输、软件和信息技术服务业，30 金融业，31 房地产业，32 租赁和商务服务业，33 科学研究与技术服务业，37 卫生和社会工作，39 公共管理、社会保障和社会组织

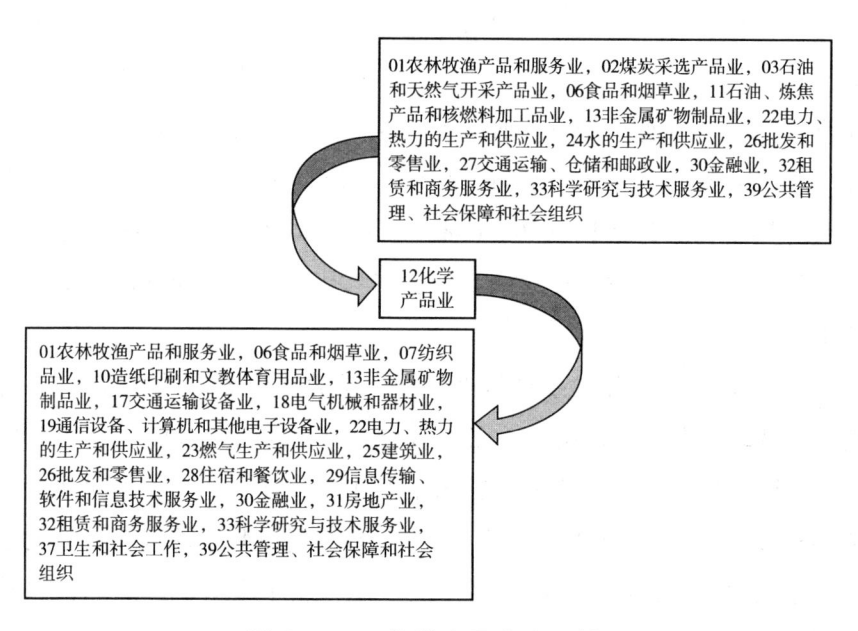

图 3-2　12 化学产品业产业链

从图 3-2 可知，12 化学产品业与国民经济各行业存在较强的技术经济联系，前后向关联行业均包含国民经济三大产业。其中，01 农林牧渔产品和服务业，06 食品和烟草业，13 非金属矿物制品业，22 电力、热力的生产和供应业，26 批发和零售业，30 金融业，32 租赁和商务服务业，33 科学研究与技术服务业，39 公共管理、社会保障和社会组织是 12 化学产品业产业链中最重要的构成行业。这些行业既在 12 化学产品业上游行业群行列，也在其下游行业群行列。

按照上述方法，本章依次求解 2007~2017 年我国制造业 16 个细分行业的上下游行业群，结果见表 3-7 至表 3-11。

表 3-7　2017 年我国制造业细分行业产业链构成

行业	上游行业群	下游行业群
06	01、08、10、12、13、22、24、26、27、28、30、32、38	01、02、03、07、08、09、10、12、13、14、17、25、26、27、28、30、32、35、36、38
07	01、02、08、12、16、22、24、26、27、30、32、34、38、39	01、08、09、10、11、12、14、21、22、23、24、25、27、28、29、30、31、33、37、39
08	01、06、07、10、12、21、22、24、26、27、30、32、37、38、39	01、06、09、11、12、12、13、14、15、16、17、18、19、22、25、29、30、32、38、39
09	01、07、08、10、12、13、14、15、22、24、26、27、32、37	01、02、06、10、11、12、13、14、15、16、17、19、22、23、24、25、32、33、37、39
10	01、07、08、09、12、14、21、22、24、26、27、32、34	01、02、03、06、11、12、13、14、22、23、24、25、26、29、30、32、36、37、38、39
11	02、03、12、13、16、22、23、24、26、27、30、32、37	01、04、06、07、08、10、12、13、14、16、17、18、19、22、24、25、27、32、33、37
12	01、02、03、06、11、13、22、24、26、27、30、32、33、39	01、06、07、10、13、17、18、19、22、23、25、26、28、29、30、31、32、33、37、39
13	02、05、08、11、12、14、15、16、22、24、26、27、39	06、11、12、14、15、16、17、18、19、23、25、26、27、29、30、31、32、35、38、39
14	02、04、11、12、13、16、21、22、26、27、30、37	10、12、13、15、16、17、18、19、21、22、25、26、28、29、30、31、32、37、38、39
15	09、12、13、14、16、21、22、26、27、30、32、35、37、39	03、09、11、12、13、14、16、17、18、19、22、23、25、26、28、29、30、32、33、37
16	08、12、14、15、17、18、19、20、26、27、30、32、33、37、39	01、12、13、14、15、17、18、19、23、25、26、28、29、31、32、33、35、37、38、39
17	08、09、12、13、14、15、16、18、19、20、26、27、32、33	01、06、07、11、13、14、16、19、21、22、23、24、25、26、27、31、32、33、35、39
18	12、13、14、15、16、19、20、26、27、30、32、37	01、07、08、11、14、16、17、19、20、22、23、25、26、29、30、31、32、33、36、38
19	12、13、14、15、16、18、20、24、26、27、29、30、32、33、39	01、03、04、05、07、08、09、11、14、16、17、18、20、23、25、26、29、32、33、35
20	12、13、14、15、16、18、19、24、26、27、28、30、33、37	01、03、07、09、14、16、17、18、19、22、25、26、27、28、30、31、32、33、35、36
21	01、07、08、09、12、14、15、16、17、18、20、23、24、26、27、39	01、10、12、13、14、15、16、17、18、19、22、25、25、26、29、30、32、33、35、37

表 3-8　2015 年我国制造业细分行业产业链构成

行业	上游行业群	下游行业群
06	01、10、12、13、22、24、25、26、27、28、30、32、38	01、07、08、09、10、12、14、16、17、18、19、25、27、28、30、32、36、38、39
07	01、06、08、09、12、16、22、24、26、27、30、32、34、38	01、03、08、09、10、12、13、17、19、21、22、23、24、25、26、28、29、30、37、39
08	01、06、07、10、12、16、21、25、26、27、29、30、32、37、38	01、09、11、12、13、14、17、18、19、22、25、26、27、29、30、32、33、36、38、39
09	01、07、08、12、13、15、16、22、24、26、27、30、37、38	02、03、10、11、12、13、15、16、17、18、19、22、23、24、25、32、33、36、37、39
10	01、07、08、09、12、14、21、24、26、27、30、32、34	01、02、03、05、06、11、12、13、17、18、22、23、25、26、29、30、32、39
11	02、03、06、12、13、16、22、23、25、26、27、30、32、37	01、03、06、07、08、10、12、13、14、17、18、19、20、22、25、27、29、32、33、37
12	01、02、05、06、07、11、22、24、26、27、30、32、33、34	01、06、07、10、13、14、16、17、18、19、22、23、25、26、28、29、30、31、37、39
13	02、05、08、11、12、15、16、22、24、26、27、30、37、38	01、03、06、11、12、14、15、16、17、18、19、22、23、25、26、29、30、31、32、37
14	02、04、11、12、13、16、21、22、27、30、37	01、02、10、11、12、13、15、16、17、18、19、25、26、28、29、31、32、37、38、39
15	09、12、13、14、16、21、22、26、27、28、30、32、35、37	01、07、09、11、12、13、16、17、18、19、22、23、25、26、29、30、32、33、37、38
16	12、14、15、17、18、19、20、26、27、30、32、33、35、37、38	02、04、12、13、14、15、17、18、22、25、26、27、28、29、31、32、33、35、38、39
17	08、09、12、14、15、16、18、19、20、26、32、33、35、39	06、07、08、09、10、12、13、14、16、18、22、25、26、27、32、33、34、35、36、39
18	12、13、14、15、16、19、20、26、27、30、32、33、37	01、06、07、08、14、16、17、19、21、22、24、25、26、27、28、29、30、32、33、36
19	12、13、14、15、18、20、25、26、27、29、30、32、33、39	01、06、07、08、09、13、14、16、17、18、20、22、24、25、26、28、29、32、33、35
20	12、13、14、15、16、18、19、26、27、28、30、33、36、37	01、06、07、08、11、16、17、18、19、22、25、26、27、28、29、30、31、32、33、36
21	01、07、09、12、14、15、16、18、22、24、25、26、27、30、38	10、12、13、14、15、16、17、18、20、22、25、26、29、30、32、33、36、37、39

表 3-9　2012 年我国制造业细分行业产业链构成

行业	上游行业群	下游行业群
06	01、10、12、13、22、24、26、27、28、30、32、35、38	01、07、08、09、10、12、14、16、17、18、19、25、27、28、30、32、36、38、39
07	01、06、08、09、12、16、22、24、26、27、30、32、34、38	01、03、08、09、10、11、12、13、17、19、21、22、23、24、25、28、29、30、37、39
08	01、06、07、10、12、21、22、25、26、27、30、32、37、38	01、09、11、12、14、16、17、18、19、22、25、26、27、29、30、32、33、36、38、39
09	01、07、08、10、12、13、15、16、22、24、26、27、30、37	02、03、10、11、12、13、15、16、17、18、19、22、23、24、25、32、33、36、37、39
10	01、07、08、09、12、14、21、22、24、26、27、30、34	01、02、03、05、06、11、12、13、14、17、18、22、23、25、26、29、30、32、38、39
11	02、03、06、12、13、16、22、23、25、26、27、30、34、37	01、04、06、07、08、10、12、13、14、17、18、19、20、22、24、25、27、32、33、37
12	01、02、05、06、07、11、22、23、24、26、27、30、32、33、34	01、06、07、10、13、14、16、17、18、19、22、23、25、26、28、29、30、31、37、39
13	02、05、08、10、11、12、14、15、16、22、24、27、30、37	01、06、08、11、12、14、15、16、17、18、19、22、23、25、26、28、29、30、31、32
14	02、04、11、12、13、16、21、22、27、30、33、37	01、02、10、11、12、13、15、16、17、18、19、22、25、26、28、29、31、32、37、39
15	09、12、13、14、16、21、22、26、27、28、30、32、35、37	01、07、09、11、12、13、16、17、18、19、22、23、25、26、29、30、32、33、37、38
16	12、14、15、17、18、19、20、22、26、27、30、33、35、37	02、12、13、14、15、17、18、22、23、25、26、27、28、29、32、33、35、37、38、39
17	08、12、14、15、16、18、19、20、26、27、30、33、35、37、39	06、07、08、09、10、12、13、16、18、22、23、26、27、29、32、33、34、35、36、39
18	12、13、14、15、16、19、20、26、27、30、32、33、37	01、06、07、08、14、16、17、19、20、22、23、24、25、26、28、29、30、32、33、36
19	12、13、14、15、18、20、25、26、27、29、30、32、33、39	01、06、07、08、09、13、14、16、17、18、20、22、23、24、25、26、29、32、33、35
20	12、13、14、15、16、18、19、26、27、28、30、33、37、38	03、06、07、08、10、16、17、19、22、25、26、27、28、29、30、31、32、33、36
21	01、07、09、12、14、15、16、17、18、24、25、26、27、30、39	09、10、12、13、14、15、16、17、18、20、22、25、26、29、32、33、35、36、37、39

表 3-10　2010 年我国制造业细分行业产业链构成

行业	上游行业群	下游行业群
06	01、10、12、13、22、23、24、26、28、29、30、32、38	01、02、03、04、05、08、10、12、14、15、17、20、25、26、27、29、32、35、38、39
07	01、06、08、10、12、16、22、24、26、28、30、31、34、38	01、02、08、09、10、11、12、14、17、19、21、22、23、24、27、29、30、32、35、39
08	01、06、07、10、12、26、27、28、30、31、32、37、38	01、06、07、09、11、12、13、14、15、16、17、18、19、25、26、28、32、37、39
09	01、08、10、12、13、14、15、22、26、28、30、31、37	02、06、07、10、11、12、13、14、15、16、17、19、21、22、23、25、26、27、36、39
10	01、07、08、09、12、15、21、22、24、26、28、30、34、37	01、02、04、05、06、11、12、13、14、17、18、22、25、27、29、30、32、36、38、39
11	02、03、06、12、16、22、23、24、25、26、27、28、30、32	01、04、06、07、10、12、13、14、16、17、18、19、20、22、25、26、27、28、32、37
12	01、03、05、06、10、11、16、22、23、24、26、28、30、32、33	01、07、10、11、13、14、16、17、18、19、22、23、25、26、27、29、30、36、37、39
13	02、05、10、11、12、14、15、16、21、22、24、26、28、30、37	06、08、10、12、14、15、16、17、18、19、20、22、23、25、27、28、30、31、32、35
14	02、04、11、13、16、21、22、23、24、26、27、28、30、37	01、02、07、11、12、13、15、16、17、18、19、21、22、24、25、27、29、32、37、38
15	05、09、10、12、13、14、16、21、22、24、26、28、29、31、37	07、11、12、13、14、16、17、18、19、21、22、25、27、28、29、30、32、36、37、39
16	12、14、15、17、18、19、20、21、22、26、28、33、36、37	02、04、06、12、13、14、15、17、18、21、23、25、26、28、29、32、35、36、38、39
17	08、09、12、14、15、16、18、20、22、26、28、32、33、37	06、07、08、11、12、14、16、18、19、22、25、26、28、32、35、37、39
18	12、13、14、15、16、19、21、26、28、32、33、37	01、06、07、08、11、12、14、16、17、19、20、22、23、24、25、26、27、31、32、33
19	12、13、14、15、18、20、26、27、28、30、32、33	01、06、09、11、12、13、14、16、17、18、20、22、23、25、27、29、32、33、35、39
20	12、13、14、15、16、18、19、26、28、29、31、32、33、37	01、06、07、08、09、11、12、13、14、15、16、17、18、19、22、25、27、28、29、33
21	01、07、08、09、10、12、13、14、15、26、27、28、31	03、10、11、12、13、14、15、16、17、18、19、22、23、24、25、26、27、29、37、38

表 3-11 2007 年我国制造业细分行业产业链构成

行业	上游行业群	下游行业群
06	01、10、12、13、22、24、26、28、29、30、32、37、38	01、02、04、08、09、10、12、14、15、17、19、20、25、26、28、29、30、35、38、39
07	01、06、08、10、12、16、22、24、26、28、30、31、34、38	01、02、08、09、10、11、12、14、19、21、22、23、24、27、29、30、32、35、37、39
08	01、06、07、10、12、26、27、28、30、31、32、37、38	01、06、07、09、11、12、14、15、16、17、18、19、20、25、26、28、32、39
09	01、08、10、12、13、14、15、16、22、24、26、28、31、37	06、07、10、11、12、13、14、15、16、17、19、21、22、23、25、26、27、28、36、39
10	01、07、08、09、12、15、16、21、22、24、26、28、31、34、37	01、02、04、05、06、11、12、13、14、17、19、22、23、25、28、30、32、36、38、39
11	02、03、06、12、16、22、23、24、25、26、27、28、30、32	01、03、04、06、07、09、10、12、13、14、16、17、18、19、20、22、25、26、27、37
12	01、03、05、06、10、11、16、22、23、24、26、28、32、33	01、07、10、13、14、16、17、18、19、22、23、25、26、27、28、29、30、36、37、39
13	02、05、10、11、12、14、15、16、21、22、24、26、28、30、37	06、08、12、14、15、16、17、18、19、20、22、23、25、26、27、28、30、31、32、35
14	02、04、11、12、13、16、21、22、23、24、26、27、28	01、03、07、11、12、13、15、16、17、18、19、21、22、25、27、28、29、32、37、38
15	09、10、12、13、14、16、21、22、24、26、28、29、31、37	07、09、11、12、13、14、16、17、18、19、21、22、25、26、27、29、30、37、39
16	12、14、15、17、18、19、20、21、22、26、28、33、36、37	02、03、06、12、13、14、15、17、18、21、23、25、26、28、29、32、35、36、38、39
17	08、09、12、14、15、16、18、19、20、22、26、28、32、33、37	06、07、08、11、12、14、16、18、19、22、25、26、28、32、35、37、39
18	12、13、14、15、16、19、21、26、28、32、33、37	01、06、07、08、11、12、14、16、17、19、20、22、23、24、25、26、27、28、32、33
19	12、13、14、15、16、18、20、22、26、27、28、30、32、33	01、06、09、11、12、13、14、16、17、18、20、22、23、25、27、30、32、33、35、39
20	10、12、13、14、15、16、18、19、26、28、29、31、33、37	01、06、07、08、09、11、12、14、15、16、17、19、22、25、26、27、28、29、33、36
21	01、07、08、09、10、12、13、14、15、22、26、28、31	10、11、12、13、14、15、16、17、18、19、22、23、24、25、26、27、29、37

二 制造业各行业产业链韧性测度结果

（一）制造业各行业产业链韧性整体表现

本章依据构建的指标体系，基于熵权-TOPSIS 模型逐年分层次求解 2007~2017 年我国制造业 16 个细分行业的产业链韧性评价值，结果见表 3-12。

表 3-12　2007~2017 年我国制造业各行业产业链韧性评价结果

行业	2017 年 韧性	排名	2015 年 韧性	排名	2012 年 韧性	排名	2010 年 韧性	排名	2007 年 韧性	排名
06	0.5544	6	0.5512	5	0.4895	5	0.4871	6	0.4478	6
07	0.2432	14	0.3134	12	0.2771	12	0.2804	13	0.2922	10
08	0.2280	15	0.1997	15	0.2035	15	0.1964	15	0.2045	15
09	0.1304	16	0.1564	16	0.1373	16	0.1435	16	0.0973	16
10	0.2756	11	0.3126	13	0.2614	13	0.3190	11	0.2706	12
11	0.2837	9	0.4045	8	0.3974	8	0.4282	8	0.3849	8
12	0.9618	1	0.9041	1	0.8957	1	0.9671	1	0.8989	1
13	0.3873	8	0.3745	10	0.3626	10	0.3940	9	0.2942	9
14	0.5988	4	0.6126	2	0.6720	2	0.7937	2	0.8176	3
15	0.2543	12	0.2918	14	0.2584	14	0.3155	12	0.2407	13
16	0.6423	3	0.5807	4	0.5560	4	0.6759	4	0.6008	4
17	0.5717	5	0.4610	6	0.4268	6	0.5363	5	0.4836	5
18	0.5224	7	0.4334	7	0.4242	7	0.4817	7	0.4144	7
19	0.7525	2	0.6068	3	0.5587	3	0.6928	3	0.8277	2
20	0.2821	10	0.3269	11	0.3318	11	0.3318	10	0.2744	11
21	0.2440	13	0.3857	9	0.3688	9	0.2665	14	0.2177	14

总体来看，2007~2017 年，制造业各行业的产业链韧性差异较明显（见图 3-3），大部分行业的产业链韧性呈现增长趋势，但整体排名相对稳定。从行业类别来看，产业链韧性较强的行业大多属于

高技术制造业，韧性较弱的行业较多属于消费品制造业。测度结果均排在前5位的制造业行业有12化学产品业，14金属冶炼及压延加工品业，16通用、专用设备业，19通信设备、计算机和其他电子设备业，其评价结果均大于0.5，且12化学产品业产业链韧性水平一直稳居第1位。韧性排名较靠后的行业主要是07纺织品业、08纺织服装鞋帽皮革羽绒及其制品业、09木材加工品和家具业、15金属制品业，其产业链韧性不超过0.32。

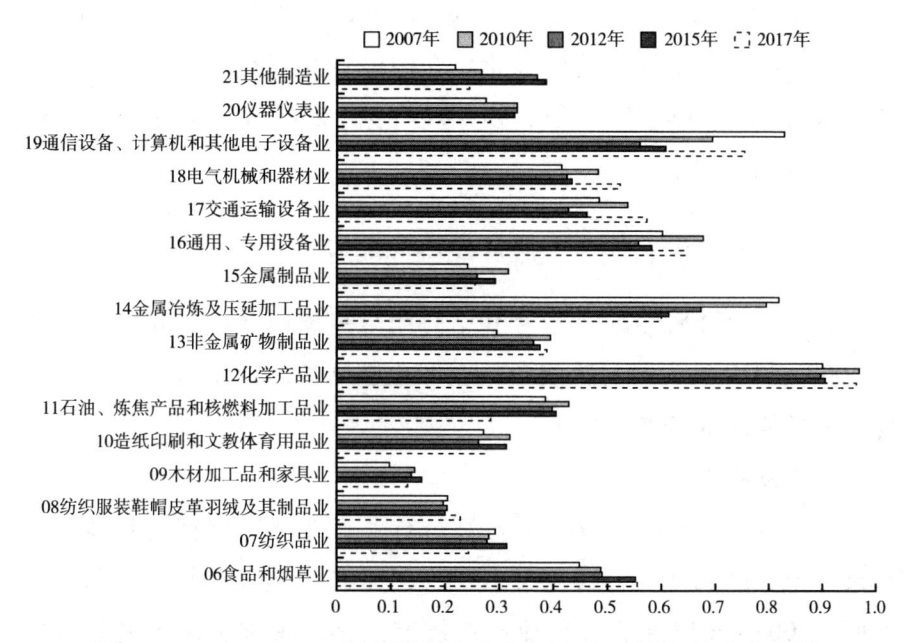

图3-3　2007~2017年我国制造业各行业产业链韧性变化趋势

从时间维度来看，我国制造业全行业产业链平均韧性呈现"上升—下降—上升"的波动趋势，其中2010年全行业产业链平均韧性最高，为0.4569，2012年平均韧性最低，为0.4138。2007年，全行业产业链平均韧性为0.4230，产业链韧性大于平均韧性的行业有6个，分别是06食品和烟草业，12化学产品业，14金属冶炼及压延加工品业，16通用、专用设备业，17交通运输设备业，19 通信设备、计算机和其他电子设备业。2017 年，我国制造业全行业产业链平均韧性为 0.4333，产业链韧性大于平均韧性的行业有 7 个，较 2007 年新增加 18 电气机械和器材业。从单个行业看，2007~2017 年，行业产业链韧性增长较快的是 09 木材加工品和家具业、13 非金属矿物制品业、18 电气机械和器材业；下降较快的是 11 石油、炼焦产品和核燃料加工品业与 14 金属冶炼及压延加工品业。此外，产业链韧性排名变动较大的是 21 其他制造业，2007 年与 2010 年其产业链韧性值低于 0.3，排在第 14 位，2012 年与 2015 年因与其他行业建立的经济联系较强，其产业链韧性值接近 0.4，排在第 9 位，但 2017 年其韧性值又下降至 0.3 以下，排在第 13 位。

(二) 制造业各行业产业链分维度能力

基于产业链韧性可划分为节点韧性与链条韧性的思路，本章依据 2007~2017 年我国制造业各行业产业链韧性测度结果，从节点韧性与链条韧性维度展开分析。

1. 节点韧性

表 3-13 为 2007~2017 年各细分行业产业链节点韧性具体测度结果，图 3-4 为 2007~2017 年各细分行业产业链节点韧性均值。一方面，2007~2017 年，各行业产业链节点韧性整体呈现上升趋势的有 12 个行业，其中增长最快的是 09 木材加工品和家具业，节点韧性值从 2007 年的 0.0617 上升至 2017 年的 0.1416，增长了 1.29 倍，而 21 其他制造业增长最慢，韧性值从 2007 年的 0.0234 上升至 2017 年的 0.0301，仅增长了 0.29 倍；而呈现下降趋势的行业有 4 个，分别为 07 纺织品业、11 石油、炼焦产品和核燃料加工品业、14 金属冶炼及压延加工品业、19 通信设备、计算机和其他电子设备业，下降最多的是 14 金属冶炼及压延加工品业，韧性值下降了 0.0539，但整体下降不明显。

表 3-13　2007~2017 年制造业各行业产业链节点韧性

行业	2017 年	2015 年	2012 年	2010 年	2007 年	均值	排名
06	0.5948	0.6200	0.5886	0.4738	0.3800	0.53144	5
07	0.1924	0.2082	0.2164	0.2236	0.2252	0.21316	10
08	0.2469	0.2540	0.2538	0.1966	0.1816	0.22658	9
09	0.1416	0.1315	0.1127	0.0836	0.0617	0.10622	14
10	0.2176	0.2102	0.1862	0.1252	0.1213	0.17210	12
11	0.1372	0.1198	0.1904	0.1711	0.1733	0.15836	13
12	0.9009	0.9489	0.9658	0.7531	0.6392	0.84158	1
13	0.3917	0.4015	0.3920	0.3384	0.2298	0.35068	8
14	0.5268	0.5338	0.6420	0.5941	0.5807	0.57548	4
15	0.2298	0.2303	0.2139	0.1684	0.1295	0.19438	11
16	0.6575	0.6768	0.6728	0.6228	0.4683	0.61964	3
17	0.5995	0.5565	0.5179	0.5195	0.3921	0.51710	6
18	0.5125	0.4740	0.4745	0.4377	0.3198	0.44370	7
19	0.6944	0.6019	0.5772	0.6477	0.7162	0.64748	2
20	0.0472	0.0473	0.0569	0.0307	0.0238	0.04118	15
21	0.0301	0.0285	0.0239	0.0274	0.0234	0.02666	16

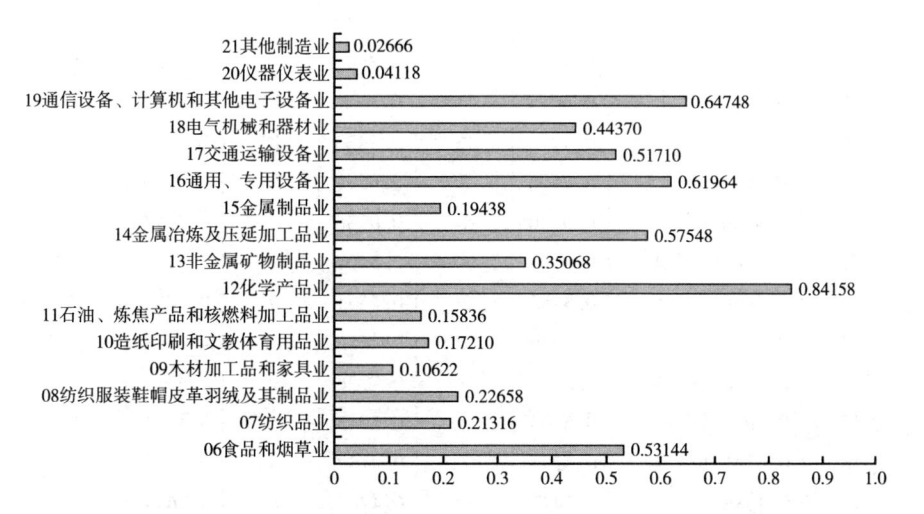

图 3-4　2007~2017 年我国制造业各行业产业链节点韧性均值

另一方面，在制造业16个细分行业中，2007~2017年各行业产业链平均节点韧性最低的是21其他制造业，为0.02666，韧性最高的是12化学产品业，为0.84158，约为21其他制造业的31.57倍。2007~2017年，全国制造业产业链平均节点韧性为0.3541，小于平均水平的行业有9个，分别是07纺织品业，08纺织服装鞋帽皮革羽绒及其制品业，09木材加工品和家具业，10造纸印刷和文教体育用品业，11石油、炼焦产品和核燃料加工品业，13非金属矿物制品业，15金属制品业，20仪器仪表业以及21其他制造业。

产业链节点韧性涵盖抵抗力、恢复力、调整适应力、持续增长力四个维度，为进一步明确各行业产业链节点韧性的具体差异，本章基于2007~2017年各行业产业链节点韧性"4R"均值数据展开分析，结果如表3-14所示。

表3-14 2007~2017年我国制造业各行业产业链节点韧性"4R"均值表现

行业	抵抗力	排名	恢复力	排名	调整适应力	排名	持续增长力	排名
06	0.7260	2	0.7077	3	0.6382	3	0.2068	7
07	0.3456	12	0.2507	10	0.2912	10	0.1250	12
08	0.3846	9	0.1937	11	0.3646	9	0.1233	13
09	0.3480	11	0.0811	14	0.1660	13	0.1140	15
10	0.3441	13	0.1795	13	0.2433	12	0.1223	14
11	0.2674	15	0.2596	9	0.0717	14	0.1265	11
12	0.8380	1	0.9820	1	0.9936	1	0.5575	2
13	0.5183	4	0.3305	8	0.5207	4	0.1781	8
14	0.5036	5	0.8785	2	0.4531	7	0.3885	6
15	0.3715	10	0.1919	12	0.2683	11	0.1558	9
16	0.7248	3	0.5561	6	0.7726	2	0.4910	3
17	0.5028	6	0.5803	5	0.5015	5	0.4173	5
18	0.4721	7	0.4391	7	0.4132	8	0.4512	4
19	0.4038	8	0.6445	4	0.4702	6	0.7699	1
20	0.2777	14	0.0068	15	0.0179	16	0.1408	10
21	0.2131	16	0.0043	16	0.0648	15	0.0909	16

在抵抗力方面，制造业各行业表现差距最小，最大差值为0.6249，但平均抵抗力大于0.3的行业有13个，表明各行业依靠自身资源的累积具备一定的抵抗冲击能力。2007~2017年，抵抗力均值最大的是12化学产品业，为0.8380；06食品和烟草业为0.7260，排在第2位。这是因为这两个行业具有较高的流动资产以及较多的规模以上企业。如2017年06食品和烟草业的流动资产合计41350.74亿元、规模以上企业单位为40359个，而21其他制造业仅为3771.97亿元和3796个，这也表明各行业需持续不断地推进供给侧结构性改革，优化区域产业结构和布局，扩大产业集聚规模。

在恢复力方面，制造业各行业表现差距最大，最大差值为0.9777，其中12化学产品业的平均恢复力为0.9820，14金属冶炼及压延加工品业为0.8785，而21其他制造业仅为0.0043，远低于平均水平（0.3929）。2007~2017年，09木材加工品和家具业的产值增速最快，总产值从5945.48亿元增加至25239.82亿元，产值占比从1.68%上升至2.32%，但因产业基础相对薄弱，其产业链韧性相对较弱。20仪器仪表业和21其他制造业主营业务收入相对较少，2007年两个行业的主营业务收入占比分别为1.21%和1.14%，而2012年分别为0.83%和0.73%，这从侧面反映了其发展速度较慢，难以达到产业高质量发展要求。此外，根据熵权法确定的指标权重，恢复力指标在二级指标中占据的权重最大，这也表明工业总产值和主营业务收入指标能够较直观地反映产业链韧性。

在调整适应力方面，制造业各行业的差距仍然较大，12化学产品业的平均调整适应力最高，为0.9936，20仪器仪表业的平均调整适应力最低，为0.0179，二者相差0.9757。这是因为20仪器仪表业占有的金融资本和人力资本较少，难以支撑其迅速整合资源并调整发展路径。如2017年，20仪器仪表业的固定资产投资额为1975.1亿元，平均用工人数为104.45万人，而全行业的平均投资额为12100.99亿元，平均用工人数为503.61万人。相比之下，13非金属矿物制品业和17交通运输设备业的投资额和平均用工人数都高于平均水平，平均调整适应力分别排在第4位和第5位。此外，19通信设备、计算机和其他电子设备业的项目建成投产率相对较低，但由于该行业的人力资本相对活跃，其平均调整适应力排在第6位。

在持续增长力方面，制造业大多行业处于较低的水平，全行业的平均持续增长力仅为0.2787，小于0.3的行业有10个，这也反映了制造业大部分行业存在创新投入不足、科研成果转化能力较弱的发展劣势。19通信设备、计算机和其他电子设备业作为国家大力扶持的高技术制造业，其创新投入和创新效益均处于较高水平，且单位产值的能源使用量也较低，其持续增长力表现最佳。06食品和烟草业抵抗力、恢复力和调整适应力均排在前3位，但其持续增长力相对较弱。2017年，19通信设备、计算机和其他电子设备业R&D人员全时当量为457960人年，R&D经费为20027613万元，发明专利申请数为83246件，单位产值的能源使用量为336.13吨标准煤/亿元；而06食品和烟草业R&D人员全时当量为110898人年，R&D经费为5422113万元，发明专利申请数为11160件，单位产值的能源使用量为627.99吨标准煤/亿元，该行业创新动力不足，产业转型升级能力受限，因此其产业链平均节点韧性最终排在第5位。

2. 链条韧性

本章从宏观层面分析2007~2017年各细分行业产业链链条韧性表现。其中，表3-15为2007~2017年各细分行业产业链链条韧性具体测度结果，图3-5为2007~2017年各细分行业产业链链条韧性均值。

表 3-15　2007~2017 年制造业各行业产业链链条韧性

行业	2017 年	2015 年	2012 年	2010 年	2007 年	均值	排名
06	0.2015	0.3457	0.2145	0.1728	0.1789	0.22268	15
07	0.5214	0.5327	0.4333	0.3459	0.3446	0.43558	9
08	0.2045	0.0409	0.0893	0.1150	0.1304	0.11602	16
09	0.2940	0.2589	0.2634	0.3130	0.2833	0.28252	13
10	0.5595	0.5278	0.4391	0.6283	0.6069	0.55232	6
11	0.7402	0.9198	0.7752	0.8594	0.8516	0.82924	1
12	0.7687	0.7813	0.6966	0.8089	0.8431	0.77972	2
13	0.3128	0.3071	0.3024	0.3228	0.3283	0.31468	12
14	0.7179	0.7669	0.6498	0.7386	0.7816	0.73096	5
15	0.4515	0.4431	0.3931	0.5538	0.5078	0.46986	8
16	0.3542	0.3196	0.2495	0.3824	0.4238	0.34590	10
17	0.2628	0.1830	0.1672	0.2109	0.2944	0.22366	14
18	0.4012	0.3135	0.2867	0.2747	0.3776	0.33074	11
19	0.6402	0.5588	0.4601	0.3845	0.5018	0.50908	7
20	0.8381	0.7402	0.7291	0.7654	0.7509	0.76474	3
21	0.7364	0.9545	0.8669	0.6011	0.5920	0.75018	4

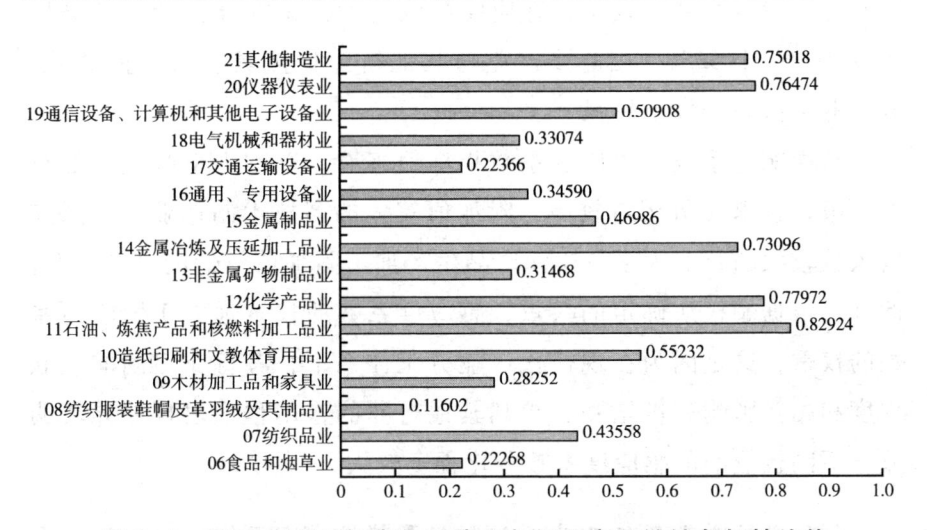

图 3-5　2007~2017 年我国制造业各行业产业链链条韧性均值

依据表 3-15 可得，2007~2017 年制造业各行业产业链平均链条韧性较高的是 11 石油、炼焦产品和核燃料加工品业，12 化学产品业，20 仪器仪表业，21 其他制造业，14 金属冶炼及压延加工品业；其次是 10 造纸印刷和文教体育用品业，19 通信设备、计算机和其他电子设备业，15 金属制品业，07 纺织品业，16 通用、专用设备业；最后是 18 电气机械和器材业，13 非金属矿物制品业，09 木材加工品和家具业，17 交通运输设备业，06 食品和烟草业，08 纺织服装鞋帽皮革羽绒及其制品业。11 石油、炼焦产品和核燃料加工品业保证着其他行业生产加工的重要原料——石油的供应，是对国民经济有较大推动作用的基础产业，受其他行业的依赖程度较高，而其对其他行业的产品供应依赖程度较弱，因此该行业的产业链链条韧性表现较好。19 通信设备、计算机和其他电子设备业的影响力系数[①]较大，且整体呈现上升趋势，2007 年的影响力系数为 1.3152，2017 年为 1.4188，而 2017 年全行业的平均影响力系数为 1.1495，表明该行业对国民经济各行业的生产发展具有较强的辐射作用，已经成为借助高新技术带动其他行业发展的龙头行业。21 其他制造业因行业的特殊性，影响力系数较小，感应度系数较大，2017 年两个系数分别为 0.7985、1.6250，因此该行业与其他行业仍然具有较强的联系，其产业链链条韧性也较强。

　　从影响力系数与感应度系数指标值来看，影响力系数较大的行业一般是技术含量相对较高、附加值较大的高技术制造业，而感应度系数较大的行业大多是中间产品生产加工附加值较低的基础产业。此外，依据熵权法确定的权重，感应度系数的权重远大于影响力系数的权重，这是因为在现代化产业分工体系下，各行业之间的关联程度和相互影响程度增强，受到其他行业的作用程度表现差异较明显，不同行业间的感应度系数分化程度较大。

（三）制造业各行业产业链韧性聚类分析结果

　　为更好地分析我国制造业各细分行业的产业链韧性等级，本章

---

① 注：限于篇幅，本章未呈现制造业细分行业的影响力系数和感应度系数指标值。

在雷广海等（2009）、王永兴和景维民（2014）的基础上，依据我国制造业 16 个细分行业 2007~2017 年的产业链韧性测度结果的平均值进行聚类分析，其中聚类方法采用组间连接与离差平方和法，距离度量标准采用平方欧氏距离，多次测度，最终将 16 个细分行业的产业链韧性等级分为了 5 类（见表 3-16、图 3-6）。

表 3-16 我国制造业各行业产业链韧性等级聚类分析结果

韧性等级	行业	最小值	最大值	均值	标准偏差
Ⅰ-强韧性	12	0.9255	0.9255	0.9255	—
Ⅱ-较强韧性	14、16、19	0.6111	0.6989	0.6659	0.0478
Ⅲ-中等韧性	06、17、18	0.4552	0.5060	0.4857	0.0269
Ⅳ-较低韧性	07、10、11、13、15、20、21	0.2721	0.3797	0.3128	0.0418
Ⅴ-低韧性	08、09	0.1330	0.2064	0.1697	0.0519

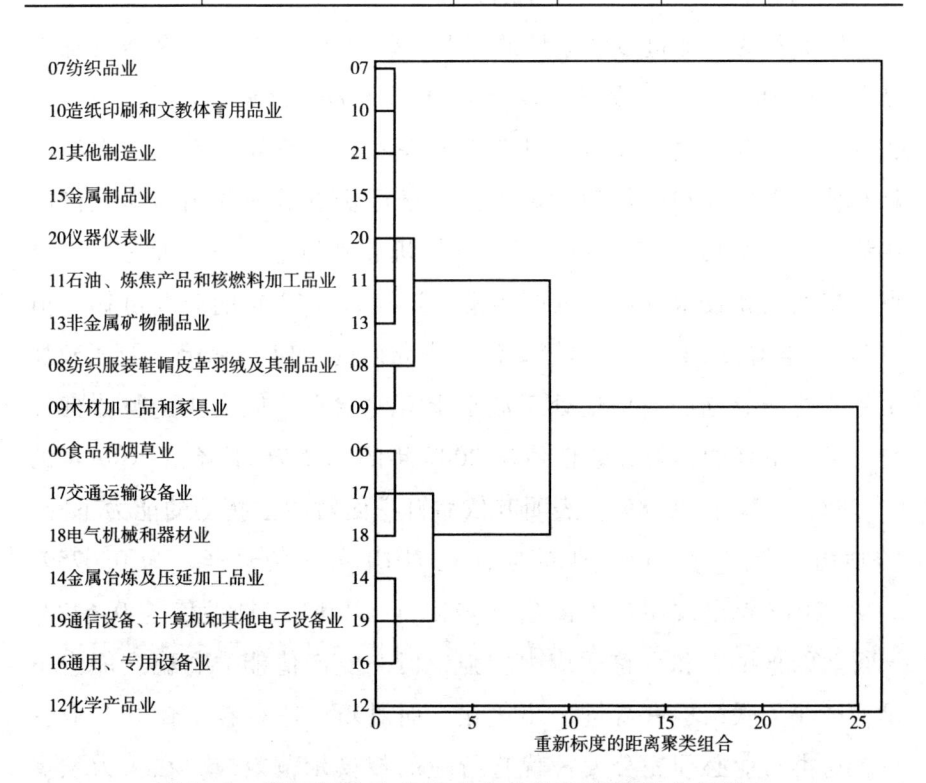

图 3-6 我国制造业各行业产业链韧性聚类分析谱系

第Ⅰ类为产业链强韧性的行业，仅有 12 化学产品业，其产业链韧性处于绝对优势地位。2007~2017 年，12 化学产品业的产业链韧性相对稳定，节点韧性与链条韧性均值排名均靠前，尤其是节点韧性稳居第一，产业链韧性平均值大于 0.9。此外，12 化学产品业的医药制造子行业属于高技术制造业，发展起步较早，具备一定的发展基础，但从持续增长力方面的指标来看，其创新投入和创新能力有待提高，否则发展速度和行业规模容易受到制约。如 2017 年，12 化学产品业的 R&D 经费和发明专利申请数分别为 18599082 万元和 39127 件，而 16 通用、专用设备业，19 通信设备、计算机和其他电子设备业分别为 13337638 万元、44154 件和 20027613 万元、83246 件。因此，12 化学产品业需进一步加快促进"产业链"与"创新链"双向融合发展，强化行业的科技创新能力。

第Ⅱ类为产业链较强韧性的行业，包含 14 金属冶炼及压延加工品业，16 通用、专用设备业以及 19 通信设备、计算机和其他电子设备业 3 个行业，其产业链韧性为 0.6 左右。从整体上看，这类行业具有技术含量高和附加值大的特点，已逐步发展成我国实体经济的优势行业，尤其是 19 通信设备、计算机和其他电子设备业是国家重点支持的高新技术行业，近两年发展迅猛，2017 年的产业链韧性值较 2015 年增长 24%，跃居第 2 位。研究期内，14 金属冶炼及压延加工品业的产业链链条韧性处于波动上升的状态，但产业链整体韧性一直呈现下降的趋势，韧性值从 2007 年的 0.8176 下降至 2017 年的 0.5988，下降了 26.8%，表明其依靠自身面对冲击扰动的能力下降。16 通用、专用设备业产业链韧性在 2010 年达到最佳，为 0.6759，2010~2017 年出现明显下降后逐步回升，2017 年韧性值为 0.6423，该行业的抵抗力和调整适应力较强，但产业产值能力和稳定能力不足，产业关联结构有待进一步优化。面对新一轮科技革命和产业变革，这类行业必须充分发挥优势行业的规模示范效应，在大力发展自身的同时积极带动其他行业协同发展。

第Ⅲ类为产业链中等韧性的行业，包含06食品和烟草业、17交通运输设备业、18电气机械和器材业3个行业，产业链韧性为0.5左右。在研究期间，06食品和烟草业产业链韧性一直处于上升状态，韧性值从2007年的0.4478增加至2017年的0.5544，增长了23.8%，该行业产业链节点韧性较高，抵抗力、恢复力以及调整适应力均排在前4位，持续增长力也稳定在中等水平，但由于其产业链链条韧性较低，产业链整体韧性处于中等韧性水平，今后可进一步加强与不同行业之间的联系。17交通运输设备业与18电气机械和器材业的产业链韧性变化趋势相同，2007~2012年迅速上升后又迅速下降，2012年两个行业的产业链韧性相对接近，但17交通运输设备业凭借其积累的资产优势以及更强的产业产值能力，其产业链韧性增长更快。尽管18电气机械和器材业节点韧性处于中等水平，但其持续增长力表现较好，尤其是在创新产出方面，2017年其发明专利申请数仅次于19通信设备、计算机和其他电子设备业。整体而言，此类行业产业链节点韧性处于中等偏上水平，自身能够抵抗一定的内外部冲击扰动，但与国民经济各行业建立关联的效应不强。

第Ⅳ类为产业链较低韧性的行业，包含07纺织品业，10造纸印刷和文教体育用品业，11石油、炼焦产品和核燃料加工品业，13非金属矿物制品业，15金属制品业，20仪器仪表业以及21其他制造业7个细分行业。从整体上看，这类行业中基础行业和消费品行业居多，整体产业链韧性为0.3左右。2007~2017年，除07纺织品业和11石油、炼焦产品和核燃料加工品业外，其余行业的产业链韧性均呈现波动上升趋势，其中13非金属矿物制品业增长幅度最大，韧性值从2007年的0.2942增加至2017年的0.3873，增长了31.65%。在这类行业中，产业链节点韧性表现优于链条韧性的仅有13非金属矿物制品业，其余行业则依靠产业链链条韧性优势提升了其整体韧性水平，尤其是20仪器仪表业和21其他制造业，研究期内其产业链节点韧性一直处于较低水平，韧性值一直低于0.05，远低于平均节点韧性（0.3541），但由于其与其他行业的产业关联较强，能够及时依靠关联产业有效对抗风险冲击。整体而言，这类行业产业链节点韧性不高，可从抵抗力、恢复力、调整适应力以及持续增长力方面有效提升其自身应对内外部风险冲击的能力。

第Ⅴ类为产业链低韧性的行业，包含08纺织服装鞋帽皮革羽绒及其制品业与09木材加工品和家具业，产业链韧性均值低于0.2，这类行业容易受到外部冲击扰动的影响。从产业链韧性不同维度来看，08纺织服装鞋帽皮革羽绒及其制品业产业链的节点韧性优于链条韧性，其节点的抵抗力和调整适应力更佳，表现在较高的流动资产和较多的人力资本上，但由于其产业规模较小，产业发展受到限制；而09木材加工品和家具业产业链链条韧性优于节点韧性，表现为国民经济对该行业的推动作用较强。从变化趋势看，2007~2017年，两行业的产业链韧性变化都较为频繁，08纺织服装鞋帽皮革羽绒及其制品业呈现"降—升—降—升"的变化趋势，09木材加工品和家具业呈现"升—降—升—降"的变化趋势。整体而言，这两类行业属于消费品行业，其生产加工环节易受上下游行业的影响，产业链韧性不高，今后发展中须从自身以及关联产业双向发力，尽快寻找适合该行业发展的产业链韧性提升路径。

第六节 提升制造业各行业产业链韧性的对策建议

一 制造业整体层面

（一）"点式突破"，巩固产业链节点韧性

"点式突破"是指从抵抗力、恢复力、调整适应力以及持续增长力视角强化产业链核心行业有效化解冲击扰动的能力，从节点层面提升产业链网络系统的韧性。从熵权法确定的权重来看，研究期内产业链节点韧性的权重均大于链条韧性的权重,表明核心行业自身的节点韧性是应对内外部冲击扰动或压力的关键要义。

在抵抗力方面,按熵权法确定的权重[①]排序,从高到低依次为流动资产合计(0.21602)、固定资产实际到位资金(0.18184)、规模以上工业企业单位数(0.17288)、资产负债率(0.15756)、上游行业群供给强度(0.14046)、外贸依存度(0.0955)、成本费用利润率(0.03576),行业的基础能力、资产和规模水平占比较大。因此,增强行业节点的抵抗力,关键在于强化行业基础设施建设,横向扩大行业的发展规模,有效增强行业的资产流动能力。首先,应加快构建现代化基础设施体系。产业链的自主可控,要求各行业必须坚持走设备智能化、产线自动化、工厂智能化和数字化的发展路径。一方面,必须从政府支持和行业自身两个方面加快推进制造业"五基"(基础零部件、基础元器件、基础材料、基础工艺、基础软件)和新型基础设施建设;另一方面,借助云计算、大数据等数字技术,对传统基础设施从生产到营销全流程进行数字化、智能化改造升级。其次,以供给侧结构性改革为主线,培育一批专精特新"小巨人"企业,以更加安全稳健的供应体系为目标,持续优化核心行业的上下游合作伙伴体系,形成区域内产业集聚规模优势。最后,应积极推进工业互联网平台的建设与应用,有效加强产业链上下游节点间的交流与合作。依托数字化信息平台,及时将行业生产需求和最终产出传递给产业链上下游,提高行业内的资金流动速率。此外,应立足国内国际"双循环"新发展格局,在充分挖掘国内大规模市场优势的同时,提高外资利用质量和效率,调控国际外循环的外贸比例,并更新市场准入准则,营造有利于我国制造业产业链现代化发展的国内外环境。

恢复力是行业产业链节点韧性的重要内容,维持行业的稳定发展是强化行业节点恢复力的核心。一方面,需持续攻克"卡脖子"

---

① 该权重为2007~2017年各指标权重的平均值。

技术，补齐行业产业链短板，破解发展瓶颈制约。我国制造业各行业产业链韧性演化具有明显的差异化特征，大部分行业的产业链发展存在相对薄弱环节，因此必须集中力量有针对性地采取相应措施，打通产业链供应链中的"断点"和"堵点"，畅通产业链的各个环节。另一方面，需优化行业风险预警防范机制，有效提升行业的风险识别与精准处置能力，切实保障产业链供应链的安全可靠。

在调整适应力方面，按熵权法确定的权重排序，从高到低依次为固定资产投资总额（0.56134）、平均用工人数（0.42958）、项目建成投产率（0.00906），这些指标侧重的是一个行业的金融资本与人力资本。首先，应从政府和金融机构两方面入手，加强各行业的固定资产资金投入和普惠政策的落实，保证各行业智能化、数字化转型升级的资金供给和政策支持。其次，应强化应用型人才供给，稳步推进制造业专业应用型人才队伍建设，建立健全人才引进、人才管理、人才培养以及人才服务机制，解除科研技术人员投身科研的后顾之忧，同时加强制造业各行业的基层员工专业素质培养，使其能够满足当前复杂环境下产业链韧性对人才的要求。最后，应强化我国制造业全行业产业链发展规划的顶层设计，严控区域内项目建设规模和质量，并树立各行业项目建设标准与规范，有效提高资源的配置效率。

在持续增长力方面，按熵权法确定的权重排序，从高到低依次为发明专利申请数（0.35082）、R&D经费支出（0.22966）、R&D人员全时当量（0.2175）、下游行业群需求强度（0.1326）、单位产值能源使用量（0.06944），这些指标侧重于行业的创新能力。因此，增强行业节点的持续增长力，关键是强化核心行业的自主创新能力，鼓励龙头企业、专精特新"小巨人"企业、制造业单项冠军和隐形冠军企业利用自身优势与产业链上下游企业、高校及科研院所协同创新，支持行业内的企业多层次探索新业态、新模式，提高科研成果转化率。此外，各行业应以下游行业群的需求为核心，将绿色可持续发展理念贯穿产业链全环节，提高资源要素的使用效率，促进行业产业链持续健康发展。

(二)"链式协同"，提升产业链链条韧性

"链式协同"是指增强产业链核心行业与其他行业之间的产业关联，形成产业协同效应，从链条层面提升产业链链网式系统的韧性。

一是强化行业间的技术经济联系。一方面，需增强我国制造业各行业产业链上下游间的联系与互动，引导行业内的企业主动加入工业互联网平台的建设与应用中，依托数字经济的融合性，促进行业间分工协作与利益共享的新型伙伴关系的建立。另一方面，积极贯彻 RCEP 协议并积极构建"中国+X"产业链，增强我国制造业与其他国家产业的经济联系与合作，激发其市场经济活力，推动贸易与投资自由化、便利化。

二是鼓励优势主导行业带动其他行业发展。支持高附加值且发展基础较好的行业做大做强，利用行业的辐射带动效应拉动目前产业链韧性水平相对较低的行业发展，并鼓励行业间的人员、技术等资源要素的流动，依托行业内的"专精特新"企业激发市场活力，带动产业链上下游企业发展。

三是推动"三产"融合，加速"五链"协同。一方面，产业融合是产业高质量发展的必然要求，需持续推进制造业与农业、服务业的融合发展，从低层次的"农业+制造业""制造业+服务业"延伸为"农业+制造业+服务业"，延伸产业链链条，构建多元化的产业链体系；另一方面，产业链与创新链、人才链、资金链、政策链的协同发展是提升产业链韧性的强大助推器，需从国家战略层面提出"五链"协同发展机制，并将围绕产业链部署创新链、人才链、资金链、政策链的规划与措施具体化、本土化。此外，各行业需持续关注消耗和供给强度较大的关联行业的发展动态，建立并完善产业链备份机制，降低产业链断链风险。

（三）优化环境，强化产业链发展政策体系建设

由于产业链韧性提升具有前期投入大、涉及面广的特征，仅仅依靠核心行业及其关联行业的韧性提升难以维持，因而必须强化体制机制保障，为实现产业链韧性"点式突破""链式协同"提供政策支撑。

一是完善产业链韧性发展的导向机制。产业链韧性对制造业发展的质量、效益和速度都提出了更高的要求，政府部门必须明确产业链韧性发展的核心要义，以"产业链韧性""产业链现代化"为目标设计制造业细分行业的发展规划，针对当前我国制造业各行业产业链发展的突出问题，提出具体的改革措施，在小规模试点基础上推广至全域全行业。

二是积极建设行业内中介组织和服务机构。行业内的中介组织是连接企业、政府以及科研机构的桥梁与纽带，必须加快推进行业协会、行业信息与技术等交流平台的建设，协调各项资源跨企业、跨行业以及跨区域流动，并制定行业基本规则和统一标准，保障相对稳定和良性的行业秩序。

三是创新政府管理和服务方式。一方面，深入推进"简政放权、放管结合、优化服务"改革，最大限度地减少政府对市场和企业的直接干预行为，营造适宜的营商环境；另一方面，不断提高政府公共服务水平，制造业各行业的差异化决定了政府管理方式和服务方式的差异化，必须针对不同类型的行业提供个性化的支持与服务，通过相应的财政税收政策、货币金融政策、产业区域政策来鼓励、支持和引导制造业各行业提升产业链韧性，对于产业基础相对薄弱的行业，通过政府基础资金的倾斜，吸引其他社会资本与民间资本的加入。

二 制造业分行业层面

从前文分析可知，不同行业产业链的韧性表现存在明显差异，

除了应从整体层面提升各核心行业产业链韧性,还应从不同韧性等级层面提出各行业产业链韧性提升的针对性意见。

产业链韧性处于中等以上水平的行业主要是高技术制造业,这类行业的产业链节点韧性处于较高水平,但 16 通用、专用设备业与 19 通信设备、计算机和其他电子设备业的产业链链条韧性处于中等水平。一方面,这些行业要强化现有产业链发展优势,增强行业的产值产出和稳定能力,提高行业资产流动水平,并强化行业的自主创新能力,依托"企业—高校—科研机构"多主体参与的产学研平台持续攻克关键领域的关键技术,破解"卡脖子"技术难题。另一方面,要充分发挥行业的辐射带动效应,积极为产业链较低韧性的行业提供资金、人才以及技术支持等,共同提升对外界风险的抵抗能力,如 12 化学产品业对 15 金属制品业的直接消耗较大,但 15 金属制品业的人力资本和自主研发水平较低,产业链韧性等级为Ⅳ类。因此,12 化学产品业可以向其输送综合能力较强的人才,帮助其进行转型升级,提高其产业链的自主可控性。

产业链韧性处于中等韧性水平的有 06 食品和烟草业、17 交通运输设备业、18 电气机械和器材业 3 个行业。这类行业的产业链韧性具有节点韧性处于中等偏上水平,但链条韧性较低的特点,因此强化这类行业与国民经济其他行业的经济联系具有重要意义。首先,需增强行业节点的开放与合作意识,积极加入工业互联网平台的建设与应用中,并引导行业内的企业特别是中小微企业"上云""用云",基于数字经济的融合性,破除行业间经济联系的壁垒,有效提高行业的协作能力。其次,应以产业链下游的市场需求为导向调整优化产品层次,发挥以需求优化配置资源要素的作用。行业内的企业不能仅满足当下的经济利益,还需不断提高自身产品和服务的质量,为下游提供个性化、差异化的产品和服务,建立行业间的强联系。最后,应加快区域内交通、通信等基础设施的建设,促进行业间的互通互联,提高行业间资源流动效率。

产业链韧性处于中等以下水平的行业主要是基础行业和消费品行业，这类行业对外界冲击的抵抗能力较弱，必须"点式突破"与"链式协同"双管齐下，有效提升产业链韧性。首先，应积极响应国家产业政策，争取国家财政支持，夯实产业基础，尤其是20仪器仪表业具有高链条韧性的优势，但由于该行业自身产业规模小，外界支持力度不足，该行业化解外界风险扰动的能力不强，如2017年该行业的固定资产投资额为1975.1亿元，远低于制造业整体水平（12100.99亿元），这严重制约了行业的发展。其次，依托关联较强的优势行业的带动作用，积极承接关联行业提供的信息、技术，改变传统制造业的流程管理方式，以全局最优原则重构企业生产与管理过程，提高行业生产的效益。最后，各行业应立足行业特色，利用自身优势提升产业链韧性，如08纺织服装鞋帽皮革羽绒及其制品业因平均用工人数较多而表现为行业节点的调整适应力较强，该行业可以加强工人的业务能力培训，利用人才优势推动产业链优化升级。此外，各行业应系统完善产业链风险防范机制，对产业链薄弱环节及时做好产业链备份工作。

第四章　中国省域制造业产业链韧性及时空演化

第一节　评价指标体系构建

一　理论分析框架

前文对制造业产业链韧性进行概念界定和理论基础研究，认为制造业产业链是一个内外交织的复杂生产系统，其韧性应是系统内部和外部韧性相互作用下的综合能力，可以稳定内部链条有序链接，同时依托科技、人才和资金流等，积极适应并化解外部环境要素变化带来的不确定性风险。在此基础上，本章进一步深入分析制造业产业链韧性问题。在现有研究中，相关学者提到产业链系统总是会经受技术、经济、社会和环境等要素变化的影响，这种影响和风险是难以预料的，且不同区域、不同产业由于先天条件和后期干预不同而呈现不同反应（王玲俊、王英，2016；孔凡文等，2018；刘国巍等，2019）。将不同地区的制造业产业链系统分解为内部生产和外部环境两个子系统进行分析。在产业链内部生产方面，李雪和刘传江（2020）发现，冲击带来的风险贯穿产业链的生产、运营等环节，"卡链""断链"的损失最终会反映在产业的经济效益上。如图4-1所示，制造业产业链内部生产子系统主要包含产前、产中和产后三个阶段，这三个阶段可以细分为产前阶段的资源投入、产中阶段的研发制造和生产加工、产后阶段的产品销售四个主要生产环节，通过信息流、物质流和资金流的输送实现内部系统的有序运作和增值。已有研究表明，产业链始于产业环境且终于消费市场，会随内外部环境的变化而发生结构性变化（Porter，1985a；杨年芳、严奉宪，2011）。产业链所处的政治、文化、经济和自然环境越来越复杂多变，不确定性及易变性已成为产业链和供应链面临的新常态，外部环境要素变化极易造成产业链系统的不稳定甚至是失调（廖涵等，2021）。肖兴志和李少林（2022）提出，产业链韧性是指在应对外部环境冲击时，产业链自身的调整、应变能力和发展潜力，是对未来产业链系统能稳定运行的一种应对预案。产业链外部环境主要包含人文社会、信息经济和自然生态三个方面，稳定、高效、创新性高且具备可持续发展潜力的外部环境是增强产业链韧性的重要保障。制造业产业链内外部子系统分别考察了生产韧性和适应韧性，产业基础和生产运转效率是内部生产韧性的核心，能够反映制造业产业链系统的抵抗和升级能力；不断适应外部环境的变化是提升产业链

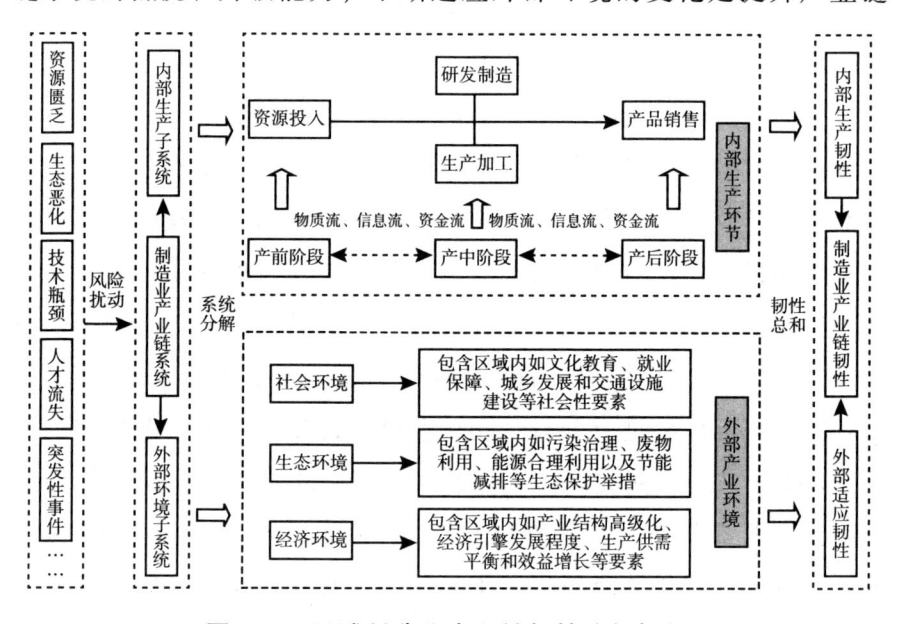

图 4-1 区域制造业产业链韧性分析框架

发展水平的关键，制造业所处区域的社会、经济和生态环境要素变化要求和推进产业链系统不断优化和寻求发展。故研究制造业产业链韧性不仅仅是内部生产的基础韧性，要综合考虑其与外部环境不断适应和发展的能力，制造业产业链韧性是内部基础韧性和外部适应韧性的总和。制造业作为区域产业链的核心部门，强韧性状态表明该地区制造业产业链系统不仅能够有效抵御危机，而且能刺激产业升级，促进区域产业高质量发展。相反，若系统表现为弱韧性，则抵抗和恢复能力不佳，区域经济或存在瘫痪风险。

二 指标体系构建

（一）指标体系构建原则

1. 科学性

指标体系的设计和构建必须遵守科学性原则。要求大量挖掘权威文献，在一定的理论基础上构建指标框架，并选择科学合理、客观适用的指标。本章在构建指标体系前，通过相关理论研究分析了制造业产业链韧性的内涵框架，从多方面参考现有成果，做到框架体系有依据、指标有出处。客观确定各项指标权重，力求能真实、客观地反映制造业产业链系统的韧性水平和规律。

2. 系统性

构建指标体系时不能简单地罗列指标，而是应该根据评价对象的特征和框架构建一套完善的指标体系。本章基于系统论的观点分析制造业产业链韧性问题，使系统层次化，构建多维度、全方位的指标体系，指标之间应该层次清晰、相互配合，具有系统的逻辑性。

3. 代表性

代表性是选取指标的重要参考原则。在筛选指标时充分考虑研究对象的内涵特征和影响因素，所选取的指标应具备一定的针对性和适用性，既可以体现评价要素的层次与内涵，又能较好地反映韧性水平。同时，为了避免信息重叠或者缺失等情况，选取指标既不能过多也不能过少，要不断优化指标体系。

4. 可操作性

可操作性原则是构建指标体系要重点考虑的现实原则。本章研究的是我国各省份的制造业产业链韧性水平，通过前文梳理分析可知，其系统韧性评价涉及较多因素，且存在各省份统计口径的差异。因此，本章在构建指标体系时充分考虑了指标数据的可获得性、统一性和可量化性，不断筛选和优化指标，避免数据获取困难导致实证分析无法进一步进行。

（二）指标体系设计及解释

产业链韧性是一个较为新颖的概念，目前学术界的相关研究大多为定性层面，实证分析的研究成果较少。产业链韧性同产业链稳定性、安全性、脆弱性和现代化等问题类似，产业链的生产运营过程不仅涉及资源开发、资本供给和技术工艺设备等核心要素，其产品升级、出口还有经营模式都非常依赖良好稳定的产业环境，故测度产业链韧性不能简单参考传统韧性评价体系，而是要以产业链系统特征为依据构建指标。一方面，难以将产业链发展水平的各项指标对应于韧性"4R"理论中的抵抗—恢复—更新—再定位四种能力，现有研究对此尚未明确；另一方面，参考"内部—外部"系统韧性评价视角和产业链发展水平评价指标要素，可以从产业链内外部分别讨论各个子系统的韧性，这是较为全面、合理和新颖的设计做法。因此，本章参考了产业链发展水平评价指标（杨年芳、严奉宪，2011；贺正楚等，2020；蔡乌赶、许凤茹，2021；毛冰，2022）、制造业高质量发展（李廉水等，2014；史丹、李鹏，2019；苏永伟，2020；宁朝山，2020；黄顺春、张书齐，2021）、产业和产业链韧性（于伟、张鹏，2019；殷为华，2019；李胜会、戎芳毅，2022b；王泽宇等，2022；郑涛、杨如雪，2022）以及区域经济韧性

（张婷婷，2018；苏任刚、赵湘莲，2020；李连刚等，2021；孙亚南、尤晓彤，2021；刘彦平，2021）的测度方法，依据前文对制造业产业链韧性的内涵定义和框架分析，遵循科学性、系统性、代表性和可操作性等原则，针对我国省域层面构建了以"目标层—系统层—准则层—指标层"为框架的制造业产业链韧性评价指标体系（见表4-1）。该指标体系主要从内部生产韧性和外部适应韧性两个方面，以资源基础、研发制造、生产加工、产品销售、社会支撑、生态治理和经济赋能7个评价要素为准则层，包含制造业资产总计、固定资产投资额等28个统计指标。

表 4-1 我国省域制造业产业链韧性评价指标体系

目标层	系统层	准则层	指标层	单位	指标权重
省域制造业产业链韧性	内部生产韧性（0.7481）	资源基础（0.2332）	X_1资产总计	亿元	0.0629
			X_2从业人员年平均数	万人	0.0644
			X_3企业单位数	个	0.0562
			X_4固定资产投资额	亿元	0.0497
		研发制造（0.3470）	X_5研发投入强度	%	0.0373
			X_6发明专利数	件	0.1108
			X_7企业科研机构数量	个	0.1243
			X_8企业R&D人员全时当量	人年	0.0745
		生产加工（0.0567）	X_9全员劳动生产率	%	0.0129
			X_{10}专业化水平	%	0.0218
			X_{11}成本费用利润率	%	0.0007
			X_{12}流动资产周转率	%	0.0212
		产品销售（0.1112）	X_{13}市场占有率	%	0.0548
			X_{14}新产品销售收入占比	%	0.0164
			X_{15}利润总额	亿元	0.0315
			X_{16}RCA指数	%	0.0084
	外部适应韧性（0.2519）	社会支撑（0.1001）	X_{17}普通高等学校在校生数	万人	0.0226
			X_{18}城镇化率	%	0.0142
			X_{19}交通设施水平	亿吨/公里	0.0509
			X_{20}失业率*	%	0.0123

续表

目标层	系统层	准则层	指标层	单位	指标权重
省域制造业产业链韧性	外部适应韧性 (0.2519)	生态治理 (0.0657)	X_{21} 工业污染治理投资完成额	亿元	0.0412
			X_{22} 一般工业固体废物综合利用率	%	0.0134
			X_{23} 单位 GDP 能耗*	%	0.0069
			X_{24} 工业废水排放强度*	%	0.0042
		经济赋能 (0.0861)	X_{25} 产业升级水平	%	0.0381
			X_{26} 数字经济发展指数	—	0.0202
			X_{27} 外贸依存度*	%	0.0050
			X_{28} 人均 GDP	万元	0.0228

注：* 为负向指标，其余为正向指标。

1. 内部生产韧性指数主要由资源基础、研发制造、生产加工和产品销售四个准则层来表征

（1）资源基础：产品生产和资源配置离不开人、财、物等基础性资源，且各区域制造业发展的资源禀赋是不同的，参考蔡乌赶和许凤茹（2021）的研究，选取规模以上制造业资产总计（X_1）、从业人员年平均数（X_2）、企业单位数（X_3）和固定资产投资额（X_4）四个指标表征产业资源基础。资源投入越足，生产优势越大，抵御风险的能力越佳，以上四项指标均为正向指标。

（2）研发制造：研发是制造业成果转化和转型升级的关键环节，是产业链更新和延伸的动力支撑，在制造业高质量发展进程中扮演着核心角色。参考李廉水等（2014）、苏永伟（2020）、黄顺春和张书齐（2021）、毛冰（2022）的研究，选取规模以上工业企业研发投入强度（X_5）、发明专利数（X_6）、企业科研机构数量（X_7）和企业 R&D 人员全时当量（X_8）四个指标表征制造业产业链在产中阶段的技术创新水平，其中研发投入强度为研究开发投入经费支出占营业收入的比重。产业链的研发创新效率越高，抵御和升级能力越强，以上四项指标均为正向指标。

（3）生产加工：生产和运营效率是评价工业发展质量的重要依

据（何郁冰等，2019），能反映产业链在生产加工过程中的效率和管理水平。全员劳动生产率（X_9）是工业增加值与用工人数的比值，能够反映某一行业的生产力水平，劳动生产率越高，产品经济效益越好（苏永伟，2020）。专业化水平（X_{10}）用区位熵指数来衡量，又称作地区或行业的生产专业化率，常用作评价某一产业专业化生产和产业集聚水平，具体公式为 $LQ_{ij} = (PV_{ij}/PV_i)/(TPV_j/TPV)$。其中，$PV_{ij}$ 表示 i 区域 j 产业的产值，PV_i 表示 i 区域的生产总值，TPV_j 表示全国 j 产业的产值，TPV 表示全国的生产总值。区位熵越大，在一定程度上反映了地区产业集聚水平越高，专业化生产具有优势（王泽宇等，2022）。成本费用利润率（X_{11}）是利润总额与成本和费用之和的比值，表示单位成本费用可获得的利润，成本费用利润率越大，说明成本费用越低，企业经营效率越高（何郁冰等，2019）。流动资产周转率（X_{12}）是主营业务收入与流动资产总额的比值，能够反映企业内部流动资产的周转速度，是评价资产利用效率的重要指标（康琼幻，2021）。上述指标的数值越大，反映制造业生产运营效率越高，产业链经济效益越好，出现"卡链"的可能性越小，因此均为正向指标。

（4）产品销售：销售和服务是制造业价值链中最重要的一环，能够直接反映产业的最终经济效益和发展质量。由于 2016 年以后《中国工业统计年鉴》不再披露销售产值和出口交货值等数据，且各省份统计口径存在差异，数据缺失严重，所以本节参考何郁冰等（2019）、贺正楚等（2020）、宁朝山（2020）的研究，选取市场占有率（X_{13}）、新产品销售收入占比（X_{14}）、利润总额（X_{15}）和 RCA 指数（X_{16}）来反映产后阶段的经济效益情况。其中，市场占有率（X_{13}）是由各地区制造业主营业务收入占全国市场的比重表示，市场份额越高，说明该地区制造业竞争力越强（何郁冰等，2019）；新产品销售收入占比（X_{14}）是反映产品结构优化和升级的指标，常用来衡量创新产出，该占比越高，说明产业链更新升级能力越强（宁朝山，2020）；利润总额（X_{15}）反映了一定时期内制造业生产经营活动的最终收获，是衡量产业盈利能力和发展能力的重要指标（宁朝山，2020）；显示性比较优势（Revealed Comparative Advantage，RCA）指数（X_{16}）（陈晓华、刘慧，2018；何郁冰等，2019；孙禹、赵树宽，2022）具体公式为 $RCA_{mn} = (X_{mn}/X_{wn})/(X_{mt}/X_{wt})$。其中，$X_{mn}$ 代表 m 省 n 产业的出口额，X_{wn} 代表世界 n 产业的出口额，X_{mt} 代表 m 省全部商品的出口额，X_{wt} 代表世界全部商品的出口额。在国际贸易学中 RCA 指数常用来衡量一国（或地区）产业（或产品）在国际市场的竞争力情况，可以反映其产品相对出口的比较优势。

2. 外部适应韧性指数主要由社会支撑、生态治理和经济赋能三个准则层来表征

（1）社会支撑：稳定有序的社会环境是支撑产业链健康发展的基本保障，借鉴社会韧性的测度指标（张明斗、冯晓青，2018；何郁冰等，2019），人才是产业发展的基础支撑要素，选取地区普通高等学校在校生数（X_{17}）表示地区的人才教育水平，能够反映地区产业潜在人力资本及应对风险的基本能力。城镇化率（X_{18}）是城市人口占总人口的比重，在一定程度上反映了城镇化水平（张明斗、冯晓青，2018）。交通设施水平（X_{19}）与制造业发展息息相关，便捷的交通有助于产品交易运输，减少时间和方案成本，借鉴相关研究（何郁冰等，2019；王芳，2020），本节以货物周转量总计表征地区交通设施便利情况。失业率（X_{20}）能够折射出地区劳动资源的丰富程度和社会就业的稳定性，它是政府制定就业政策的重要参考依据，失业率越高说明地区就业体系和保障政策越不完善，人才资源配置效率越低，因此对于产业链韧性提升是一项负向指标（张婷婷，2018；张明斗、冯晓青，2018）。

（2）生态治理：制造业发展必然会造成资源消耗和环境污染，而生态文明建设背景下，绿色生态效益已然成为制造业产业链转型升级的重要标准，参考史丹和李鹏（2019）、苏永伟（2020）、蔡乌赶和许凤茹（2021）的研究，本节从节能、废水治理和固体废物治理三个方面分别选取了工业污染治理投资完成额（X_{21}）、一般工业固体废物综合利用率（X_{22}）、单位GDP能耗（X_{23}）和工业废水排放强度（X_{24}）四项指标反映地区的生态治理水平。综合治理能力越好，说明制造业产业链可持续发展能力越强，韧性水平越高。其中，指标X_{22}是一般工业固体废物综合利用量与一般工业固体废物产生量的比值，该比值越大，说明地区对工业固体废物的综合利用程度越高，因此X_{22}是正向指标；X_{23}是能源消费总量与GDP的比值，X_{24}是工业废水排放总量与工业增加值的比值，两者分别体现了集约化生产中节能和减排的状况，均为负向指标。

（3）经济赋能：区域经济和制造业发展是相辅相成的。一方面，制造业是区域经济增长的"火车头"，也是技术创新的引擎；另一方面，制造业产业链韧性提升是在区域经济良性增长基础上，不断利用经济环境优势拓宽和延伸产业链条的过程（苏任刚、赵湘莲，2020）。参考区域经济和产业韧性的相关研究（李连刚等，2021；刘彦平，2021；郑涛、杨如雪，2022），本节选取产业升级水平（X_{25}）、数字经济发展指数（X_{26}）、外贸依存度（X_{27}）和人均GDP（X_{28}）四个指标反映经济环境对制造业产业链韧性的促进作用。其中，指标X_{25}为第三产业增加值与第二产业增加值之比，能够反映产业融合背景下地区产业结构高级化程度，产业升级水平越高，区域经济发展越好，制造业产业链的环境优势越大。数字经济发展对产业链韧性的积极作用已经得到了充分的验证（陈晓东等，2022），本节借鉴赵涛等（2020）的研究，选取每百人互联网用户数、人均电信业务总量等数据综合测算得出各省的数字经济发展指数（X_{26}）；指标X_{27}是地区进出口总额与GDP的比值，能够反映经济内外需求的平衡问题，与经济韧性呈负相关；指标X_{28}是反映区域经济规模最具代表性的指标之一，人均GDP越高，越能刺激消费需求，经济运作越平稳。由于产业数字化、实体经济与信息经济的融合，科技已经逐渐渗透到制造业产业链的各个环节，特别是研发和运营阶段，为了合理把握指标和数据的可靠性与精简性，在外部环境中不再单独提及科技。

第二节 数据来源及处理

一 数据来源

本章的原始数据主要来源于2012~2021年的《中国统计年鉴》《中国工业统计年鉴》《中国能源统计年鉴》《中国科技统计年鉴》，以及各省份的统计年鉴和统计公报、EPS（Economy Prediction System）全球统计数据/分析平台（也即EPS数据库）、国研网统计数据库和马克数据网等，具体如下。①资源基础。由于2018~2019年的《中国工业统计年鉴》缺失，所以X_1、X_2指标的数据来源于2012~2017年、2020~2021年的《中国工业统计年鉴》和2018~2019年各省份的统计年鉴，X_3指标的数据来源于2012~2021年各省份的统计年鉴，X_4指标的数据来源于2012~2021年的《中国统计年鉴》。②研发制造的四项指标数据均来源于2012~2021年的《中国科技统计年鉴》和EPS数据库。③生产加工指标的原始数据来源于EPS数据库和各省份的统计年鉴。④产品销售中X_{13}、X_{14}、X_{15}指标的数据来源于《中国工业统计年鉴》《中国科技统计年鉴》，以及各省份统计年鉴，X_{16}指标的数据来源于国研网统计数据库。⑤社会支撑的四项指标数据来源于EPS数据库。⑥生态治理的四项指标数据来源于《中国工业统计年鉴》和《中国能源统计年鉴》。⑦经济赋能的四项指标原始数据均来源于EPS数据库和马克数据网。需要说明的是，考虑到制造业各行业的科技类和生产效率类指标的不可获得性，借鉴相关学者的普遍做法（苏永伟，

2020；康琼幻，2021），制造业是工业的主体，在规模以上工业企业中占比超过一半，具有一定的代表性，因此研发制造和生产加工两个准则层的部分指标数据以规模以上工业数据代替，在指标设计中也已具体说明。而对于其中个别缺失的数据，采用线性插值或加权平均的方法补齐。

二　数据处理

（一）标准化处理

在前文的指标体系框架下，构建原始数据矩阵。考虑到指标数据的统计口径和取向差异，采取极差标准化方法解决各项指标值的同质化问题，对原始数据矩阵进行标准化和平滑处理，以消除数据量纲影响。公式如下：

$$X_{\alpha ij} = \begin{cases} \dfrac{x_{\alpha ij} - \min x_j}{\max x_j - \min x_j}, & \text{第} j \text{个指标为正向指标} \\ \dfrac{\max x_j - x_{\alpha ij}}{\max x_j - \min x_j}, & \text{第} j \text{个指标为负向指标} \end{cases} \quad (4-1)$$

式中，$x_{\alpha ij}$ 和 $X_{\alpha ij}$ 分别表示第 α 年第 i 个省份的第 j 个指标的原始值和标准值，$\max x_j$ 和 $\min x_j$ 分别表示第 j 个指标的最大值和最小值。

（二）权重确定

指标赋权通常有主观赋权、客观赋权和主客观结合赋权三种方式。主观赋权法能根据特定情况有效调整指标权重，但主观意识较重，因而缺乏客观科学性。客观赋权法以实际数据科学赋权，可避免这一弊端。信息熵可以度量指标的模糊性，判断指标的离散程度，指标离散程度越高，权重越大。故本章采用客观赋权法中的熵权法对各指标进行赋权，借助 Stata 15.0 软件，力求准确合理地表征各指标的权重（见表4-1）。具体步骤如下。

(1) 计算第 α 年第 i 个省份的第 j 个指标在第 j 个指标整体中的占比：

$$Y_{\alpha ij} = \frac{X_{\alpha ij}}{\sum_{\alpha=1}^{t} \sum_{i=1}^{m} X_{\alpha ij}} (\alpha = 1, 2, \cdots, t; i = 1, 2, \cdots, m) \quad (4-2)$$

式中，$Y_{\alpha ij}$ 表示第 α 年第 i 个省份的第 j 个指标在第 j 个指标下的占比，$X_{\alpha ij}$ 表示第 α 年第 i 个省份的第 j 个指标的标准值，t 和 m 分别表示样本中年份和省域的个数。

(2) 计算第 j 个指标的信息熵值：

$$E_j = -\frac{1}{\ln tm} \sum_{\alpha=1}^{t} \sum_{i=1}^{m} (Y_{\alpha ij} \times \ln Y_{\alpha ij}) \quad (4-3)$$

(3) 计算第 j 个指标的权重：

$$W_j = \frac{1 - E_j}{\sum_{j=1}^{n} (1 - E_j)} \quad (4-4)$$

第三节 综合评价模型

在韧性测度研究中，综合评价模型一般有加权求和法、熵权-TOPSIS 模型、熵值-突变级数模型和 AHP 法等（廉倩文，2021；刘彦平，2021）。其中，熵权-TOPSIS 模型是多主体决策中比较常用的分析方法，也较为简便，在区域经济韧性和产业韧性测度研究中应用较多。TOPSIS 模型是理想解法的一种，又称作优劣解距离法，而熵权-TOPSIS 模型是对传统 TOPSIS 模型的改进，在赋权后通过 TOPSIS 法计算最优解与最劣解的距离以及评价指标贴近度，最终确定方案优劣并进行排序。具体步骤如下。

(1) 计算加权标准化评价矩阵：

$$R_{\alpha ij} = W_j \times V_{\alpha ij} \quad (4-5)$$

式中，$V_{\alpha ij}$ 为指标数据标准化矩阵，W_j 为第 j 个指标的权重。

（2）确定正负理想解：

$$R^+ = \{\max R_{\alpha ij} \mid \alpha = 1, 2, \cdots, t; i = 1, 2, \cdots, m\} = \{R_1^+, R_2^+, \cdots, R_d^+\} \quad (4-6)$$

$$R^- = \{\min R_{\alpha ij} \mid \alpha = 1, 2, \cdots, t; i = 1, 2, \cdots, m\} = \{R_1^-, R_2^-, \cdots, R_d^-\} \quad (4-7)$$

式中，R^+ 和 R^- 分别表示最优解和最劣解，即加权标准化评价矩阵的最大值和最小值。

（3）计算评价主体与理想解之间的距离（欧式距离）：

$$D_i^+ = \sqrt{\sum_{j=1}^{n}(R_j^+ - R_{\alpha ij})^2} \quad (4-8)$$

$$D_i^- = \sqrt{\sum_{j=1}^{n}(R_j^- - R_{\alpha ij})^2} \quad (4-9)$$

式中，D_i^+ 和 D_i^- 分别为评价主体到正负理想解的距离，D_i^+ 越小则说明评价对象距离正理想解越近，D_i^- 越小则说明评价对象距离负理想解越近。

（4）计算贴近度：

$$C_i = \frac{D_i^-}{D_i^+ + D_i^-} \quad (4-10)$$

式中，C_i 的取值范围为 [0，1]，C_i 值越大说明评价结果越好，反之越差。

第四节　测度结果及分析

一　测度结果

基于前文构建的指标体系和综合评价模型，用 Stata 15.0 软件测度得出 2011~2020 年我国省域制造业产业链韧性指数,具体结果如表 4-2 所示。从结果来看,广东、江苏、浙江、山东等东部沿海省份发展较好,处于遥遥领先地位,新疆、青海、甘肃、宁夏等省域韧性水平较低。云南和贵州等省份近几年排名不断上升,浙江、上海、江苏等省份排名较为稳定,而辽宁和河北等省份排名有所下降。尽管不同年份不同省份的韧性水平有所差异,但几乎都有小幅提升,全国整体韧性指数基本呈上升趋势。

表 4-2 2011~2020 年我国省域制造业产业链韧性指数结果

省(区、市)	2011年	2012年	2013年	2014年	2015年	2016年	2017年	2018年	2019年	2020年	均值
北京	0.171	0.177	0.182	0.187	0.192	0.195	0.197	0.207	0.226	0.232	0.197
天津	0.139	0.140	0.141	0.145	0.151	0.148	0.140	0.142	0.157	0.166	0.147
河北	0.14	0.152	0.169	0.192	0.182	0.181	0.183	0.209	0.193	0.193	0.179
上海	0.189	0.193	0.180	0.195	0.199	0.210	0.229	0.240	0.254	0.262	0.215
江苏	0.354	0.453	0.486	0.515	0.534	0.564	0.558	0.579	0.583	0.583	0.521
浙江	0.267	0.283	0.305	0.322	0.332	0.338	0.405	0.367	0.416	0.467	0.350
福建	0.122	0.138	0.155	0.163	0.168	0.167	0.165	0.186	0.211	0.214	0.169
山东	0.290	0.319	0.339	0.364	0.362	0.377	0.371	0.329	0.294	0.314	0.336
广东	0.326	0.369	0.382	0.402	0.44	0.512	0.614	0.656	0.701	0.721	0.512
海南	0.062	0.064	0.066	0.07	0.076	0.084	0.087	0.091	0.101	0.11	0.081
山西	0.071	0.079	0.095	0.082	0.08	0.083	0.095	0.094	0.101	0.104	0.088
安徽	0.132	0.150	0.173	0.183	0.189	0.205	0.214	0.227	0.234	0.251	0.196
江西	0.105	0.114	0.127	0.134	0.137	0.144	0.149	0.162	0.181	0.194	0.145
河南	0.178	0.191	0.208	0.227	0.234	0.249	0.247	0.224	0.231	0.231	0.222
湖北	0.126	0.140	0.156	0.166	0.169	0.176	0.172	0.191	0.203	0.198	0.170
湖南	0.131	0.136	0.146	0.148	0.159	0.161	0.168	0.177	0.192	0.201	0.162
内蒙古	0.094	0.092	0.114	0.123	0.100	0.099	0.097	0.098	0.098	0.100	0.102
广西	0.075	0.084	0.089	0.092	0.099	0.099	0.103	0.103	0.108	0.114	0.097
重庆	0.094	0.091	0.097	0.105	0.113	0.117	0.123	0.126	0.132	0.146	0.114
四川	0.114	0.120	0.126	0.132	0.131	0.137	0.147	0.154	0.161	0.174	0.140
贵州	0.058	0.054	0.053	0.057	0.059	0.064	0.070	0.078	0.090	0.100	0.068

续表

省(区、市)	2011年	2012年	2013年	2014年	2015年	2016年	2017年	2018年	2019年	2020年	均值
云南	0.048	0.053	0.059	0.062	0.063	0.064	0.070	0.081	0.094	0.102	0.070
陕西	0.084	0.091	0.105	0.105	0.104	0.105	0.106	0.113	0.125	0.128	0.107
甘肃	0.053	0.059	0.06	0.062	0.060	0.059	0.064	0.074	0.078	0.085	0.065
青海	0.049	0.045	0.046	0.048	0.049	0.053	0.059	0.067	0.077	0.080	0.057
宁夏	0.053	0.057	0.06	0.065	0.058	0.062	0.063	0.074	0.080	0.086	0.066
新疆	0.056	0.053	0.06	0.068	0.061	0.060	0.066	0.075	0.083	0.084	0.067
辽宁	0.148	0.160	0.168	0.164	0.136	0.123	0.127	0.127	0.131	0.130	0.141
吉林	0.092	0.099	0.101	0.104	0.099	0.101	0.098	0.085	0.096	0.098	0.097
黑龙江	0.072	0.076	0.082	0.079	0.08	0.084	0.085	0.09	0.086	0.092	0.083

注：港澳台和西藏为非研究区。

二 分析与讨论

（一）整体统计分析

针对测度结果，用 Stata 15.0 软件进一步对我国省域制造业产业链韧性指数进行统计分析。从表 4-3 中可以看出，第一，2011~2020 年我国省域制造业产业链韧性的均值、最小值、中位数和最大值都在小幅提高，其中均值的年均增长率为 4.84%，说明全国整体韧性水平是缓慢上升的；第二，2011~2020 年均值一直恒大于中位数，说明韧性处于低值范围的省域数量较多；第三，极差由 2011 年的 0.306 扩大到 2020 年的 0.641，说明韧性发展较好的省份提升速度快，较差的省份提升速度慢，两极分化现象严重；第四，方差不断变大说明我国省域制造业产业链韧性指数的离散程度不断提升，并且通过计算四分位距可以发现，除 2017 年外，各省制造业产业链韧性水平的差距呈扩大趋势。

表 4-3 2011~2020 年我国省域制造业产业链韧性指数的描述性统计

指标	2011年	2012年	2013年	2014年	2015年	2016年	2017年	2018年	2019年	2020年
均值	0.130	0.141	0.151	0.159	0.161	0.167	0.176	0.181	0.191	0.199
方差	0.083	0.099	0.104	0.111	0.117	0.128	0.140	0.141	0.146	0.150
最小值	0.048	0.045	0.046	0.048	0.049	0.053	0.059	0.067	0.077	0.080
1/4 分位数	0.071	0.076	0.082	0.079	0.080	0.084	0.087	0.090	0.096	0.100
中位数	0.110	0.117	0.126	0.133	0.133	0.130	0.133	0.135	0.145	0.156
3/4 分位数	0.148	0.160	0.173	0.187	0.189	0.195	0.197	0.209	0.226	0.231
最大值	0.354	0.453	0.486	0.515	0.534	0.564	0.614	0.656	0.701	0.721
四分位距	0.077	0.084	0.091	0.108	0.109	0.111	0.110	0.119	0.130	0.131

（二）区域比较分析

为便于比较分析我国省域制造业产业链韧性区域整体和维度差异特征，首先，将我国 30 个省域的制造业产业链韧性指数依据东部、中部、西部和东北四大区域进行分类整理，分别计算出不同地区的韧性均值并绘制我国不同地区整体韧性水平对比图；其次，以各省不同维度得分均值绘制雷达图，以反映各省维度分布差异。从图 4-2 可以看出，我国制造业产业链韧性水平整体上呈"东部（0.271）>中部（0.164）>东北（0.107）>西部（0.087）"且只有东部地区高于全国平均水平（0.165）的分布情况，但各地区韧性均值普遍偏低，且水平参差不齐、差异明显。其中，从区域对比来看，中部地区是最贴近全国平均水平的，西部和东北地区整体上拉低了全国平均水平，而江苏、广东和山东等东部地区由于优越的地理位置、产业环境以及科技人才支撑等条件，制造业产业链韧性整体水平最高，与相对欠发达的西部地区差异明显，说明区位条件、产业基础及发展环境等要素可能是造成区域差异的重要原因；从发展潜力来看，各地区韧性均值普遍偏低，亟待采取有力措施促进制造业产业链韧性水平迅速提升，而西部和东北地区制造业产业链韧性均值分别仅为 0.087 和 0.107，相较东部和中部地区有更大的发展潜力和提升空间。

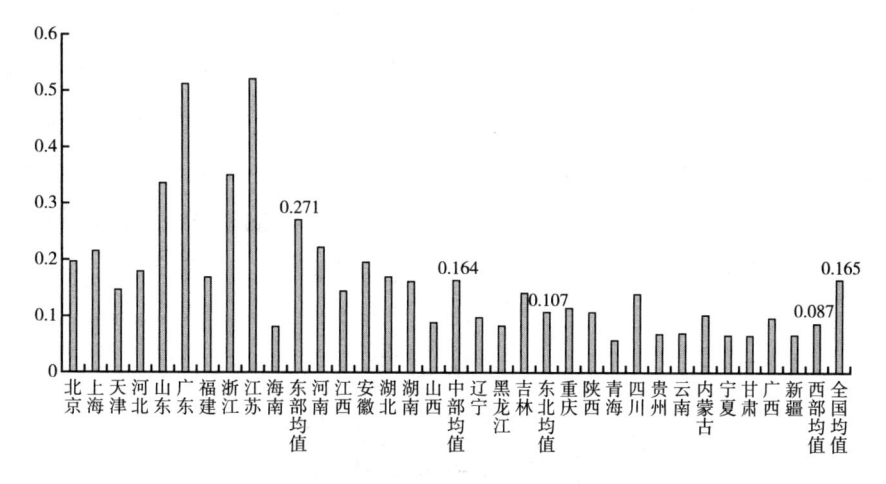

图 4-2 我国不同地区制造业产业链整体韧性水平对比

从图 4-3 可以看出，在内部生产韧性方面，资源基础和研发制造两个维度明显向东部地区多数省份靠拢，尤其是江苏、浙江、广东和山东等省份得分位于外圈层，说明这些省份制造业产业链基础能力和创新能力相较其他地区更强，中部地区表现出明显的资源优势，但研发创新能力一般，其他地区特别是西部地区研发制造维度得分非常低，制造业资源依赖程度高但利用效率不足，极易面临"卡链""断链"风险，这也可能是导致西部地区制造业产业链韧性表现较差的根本原因，亟须重视研发创新效率提升；生产加工维度分布较为均衡，个别省（区）如宁夏、甘肃和海南等有待提高；产品销售维度在沿海和内陆省份形成一定分布差距，但中部各省也体现出较大的资源优势和出口优势，而青海、贵州和黑龙江等省得分较低，需要补齐产品竞争短板。在外部适应韧性方面，各省制造业产业链所处产业环境有显著差距，特别是东西部地区间差距较大，上海、广东、江苏、河北、浙江、辽宁、河南、山东、北京和安徽等省（市）基础设施完善、高校数量多且福利政策优越，社会支撑维度得分均较高，宁夏、云南、贵州等西部地区普遍得分不高；生态治理维度得分不容乐观，特别是甘肃、辽宁、内蒙古和山西等地区长期以来粗放式生产和低效的污染治理模式使得制造业产业链绿色发展难以为继，迫切需要转变发展理念，维持产业经济与生态平衡；在经济赋能维度，北京、上海、广东、江苏和浙江等省（市）凭借较高的数字经济发展水平位居前列，而其他省份则普遍较低，说明其经济赋能效率一般，仍有较大提升空间。

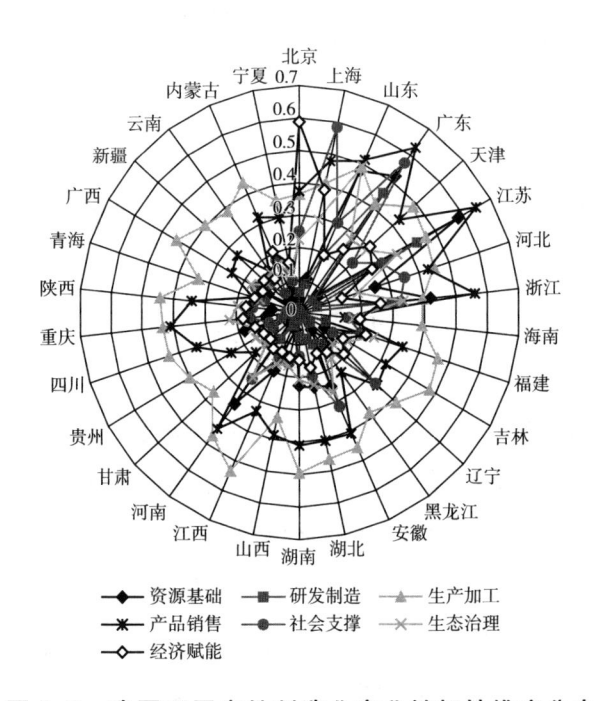

图 4-3 我国不同省份制造业产业链韧性维度分布

（三）维度比较分析

基于熵权-TOPSIS 模型测算得出我国省域制造业产业链内外部子系统中不同维度的相对贴近得分，整理并分别绘制内部生产韧性和外部适应韧性得分变化的对比图。

从图 4-4 可以看出，全国制造业产业链的内部生产韧性指数整体呈现"起步低、缓增长"的态势，在 2015~2016 年增长幅度最小，近两年韧性水平提升速度加快。具体从内部生产韧性的各个维度来看，资源基础得分较低且增长最慢，说明全国制造业产前阶段的资源投入水平有所下降，可能是近年来全国制造业的资金、设备和劳动力等资源不够充足，导致产业基础能力不够。在产中阶段，生产加工和研发制造的维度得分差异较大，研发制造的得分相对最低，但呈现稳步上升的趋势，说明制造业产业链的研发基础差、底子薄，但提升趋势明显、发展潜力大；生产加工的得分处于较高水平，说明制造业产业链的生产效率和资金周转效果较好，但整体呈下降趋势，特别是在 2015 年、2019 年有明显的下降，说明生产加工的比较优势不再，需要引起注意。产品销售的得分呈"下降—上升—下降—上升"的曲折趋势，但对比 2011 年的 0.3483 和 2020 年的 0.4013 可知，全国制造业产品的产销水平总体在提升，但发展较不稳定。

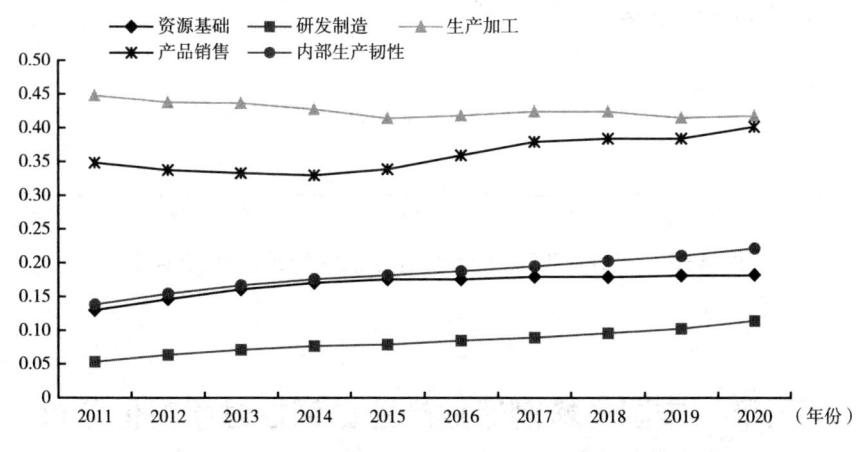

图 4-4 2011~2020 年内部生产韧性的维度得分对比

如图 4-5 所示，制造业产业链系统的外部适应韧性指数的年均增长率为 6.82%，高于内部生产韧性的年均增长率（5.35%），整体发展水平较高，仅在2015年有所下降。具体从外部适应韧性的各个维度来看，社会支撑得分较低但总体上有所上升，在2013年和2020年有所下降，说明制造业所处的社会环境不断改善，但社会支撑力度仍然不足，需要大力提升；生态治理维度在2011~2015年得分较高，且增长趋势较明显，说明"十二五"期间《工业转型升级规划（2011—2015年）》等一系列政策取得了显著成效，但自2017年下降以后呈现停滞发展的稳定状态，说明制造业面临的生态环境越来越严峻，污染治理和绿色发展任务艰巨。经济赋能维度的得分稳健上升，增长态势强劲，说明数字经济发展背景下，制造业面临的经济环境越来越优越，大数据和互联网等技术能为制造业的发展提供机遇。

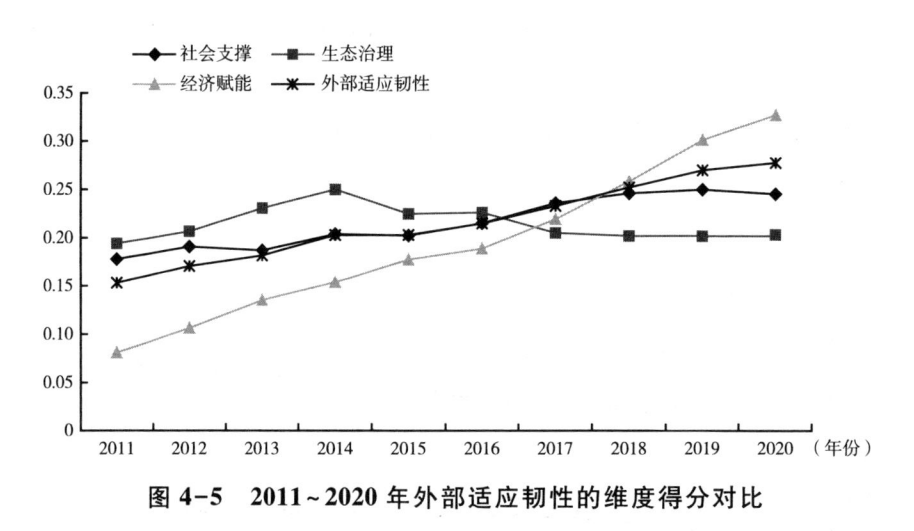

图4-5 2011~2020年外部适应韧性的维度得分对比

第五节 中国省域制造业产业链韧性时序演化分析

一 动态演进特征分析

核密度估计（Kernel Density Estimation）是概率论中常用于估计

未知密度函数的非参数估计方法，由 Rosenblatt 于 1955 年和 Parzen 于 1962 年在经验密度函数相关研究中为克服区间划分限制而提出。不同于参数估计法中针对已知总体分布和密度函数的假定，它对模型的依赖程度较低而对数据本身更加侧重，因而具备较强的稳健性和适用性（Shao et al.，2019）。其原理是通过对随机变量进行概率估计，并以连续的核密度曲线图来动态表征随机变量的分布形态。若 x_1、x_2、…、x_n 为随机变量 X 的 n 个独立样本，$f(x)$ 为随机变量 X 的密度函数，那么点 x 的概率密度估计式为：

$$f(x) = \frac{1}{nh} \sum_{i=1}^{n} K\left(\frac{X_i - \bar{x}}{h}\right) \quad (4-11)$$

式中，n 为观测值个数；h 为带宽，h 与密度函数曲线的光滑程度呈正相关，与数据估计精准度呈负相关；$K(\cdot)$ 为核函数（即加权函数）；X_i 为独立分布的观测值；$\bar{x}$ 为均值。

在进行核密度估计分析前，要选定合适的核函数。核函数是一种权重函数，常见的核函数包括均匀核函数、Epanechnikov 核函数、三权核函数以及 Gaussian 核函数。分组数据的密集程度是核函数选择的依据，当分组数据较少时，一般选择 Gaussian 核函数来进行核密度估计（Sala-i-Martin，2006；张榉榉、曹正旭，2022）。借鉴相关韧性的非线性演化特征研究（王泽宇等，2022；Shao et al.，2019），本章采用 Gaussian 核函数估计和分析我国省域制造业产业链韧性整体水平的时序演化趋势，具体公式如下：

$$K(x) = \frac{1}{\sqrt{2\pi}} \exp\left(-\frac{x^2}{2}\right) \quad (4-12)$$

基于 Gaussian 核函数进行核密度估计，通过 Stata 15.0 软件对随机变量选择默认的最佳带宽，在 2011~2020 年选择首末年份（2011 年、2020 年）和中间年份（2016 年）的数据进行非参数核密度估计，并绘制核密度曲线图及分解图，旨在通过观察不同时期曲线的分布位置、峰度变化、波峰数量以及延展形态来分析我国省域制造业产业链韧性的时序演化特征。由图4-6可以看出：第一，从曲线的分布位置来看，各年份曲线分布区间以及曲线中心不断右移，意味着我国省域制造业产业链韧性整体水平在评价期内呈现不断提高的趋势，低韧性水平的省份有所减少而中高韧性水平的省份有所增加，曲线波峰的位置虽小幅右移，但仍集中位于左侧，说明韧性值大多处于低水平状态，这与前文结论基本一致；第二，从曲线波峰的形态和峰值变化来看，从2011年到2016年再到2020年的曲线波峰由"高耸式"较窄尖峰逐渐转变为窄峰、宽峰，且峰值不断降低，表明我国省域制造业产业链韧性分布区间明显增大，地区间收敛性下降，不同层次水平的内部差距不断扩大；第三，从曲线波峰数量

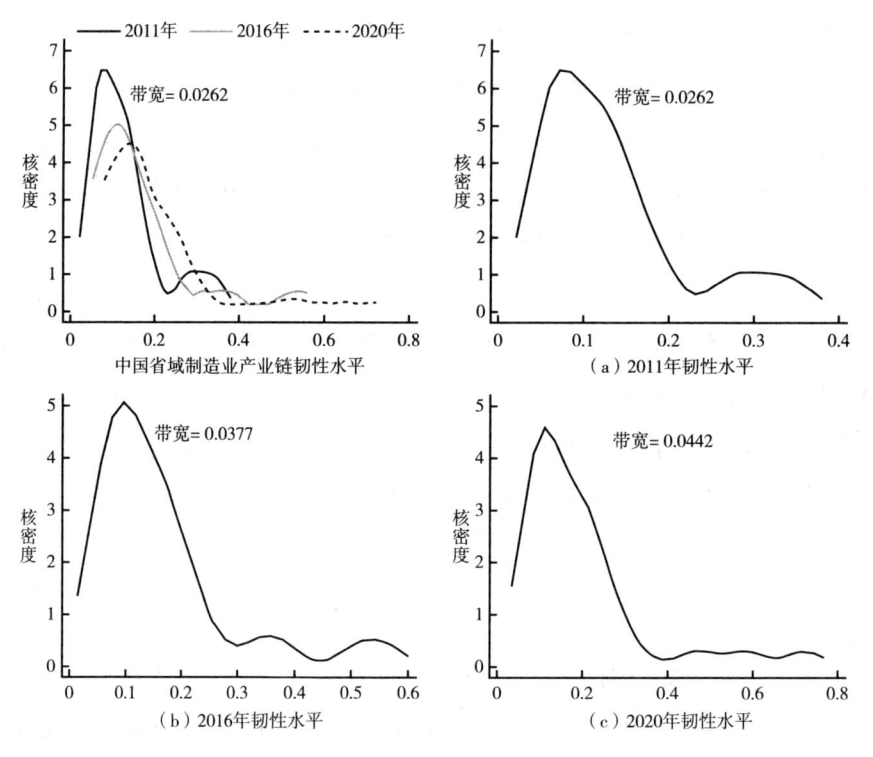

图4-6 主要年份我国省域制造业产业链韧性
核密度动态演进及其分解

来看，各年份曲线整体呈非严格的单峰状态，经历了"双峰—多峰—单峰"的变化，出现明显多峰形态说明我国省域制造业产业链韧性在观测期内出现极化现象，具体而言，2011~2016年曲线由严格双峰分布演变为多峰形态，说明我国省域制造业产业链韧性在2011~2016年出现极化特征并愈演愈烈，而2016~2020年曲线由多峰向单峰过渡则说明在此期间两极分化现象有所减弱、不协调不均衡状态不断改善；第四，从延展形态来看，各年份曲线的"右拖尾"特征明显且呈逐年拉长趋势，说明韧性由集聚趋势不断转变为离散趋势，曲线主峰集中在左侧且远高于其他波峰，说明大部分省份韧性水平在低值集聚，而极少部分在向高值靠拢。

二 时序变化趋势分析

（一）整体变化趋势

为了更好地观测不同年份我国各地区制造业产业链韧性的时间变化趋势，针对测度结果整理并绘制我国各地区制造业产业链韧性均值及其增长率的变化趋势图。从图4-7可以看出，2011~2020年全国制造业产业链韧性水平总体呈缓慢上升趋势，且呈正向增长态势，但在个别年份增长幅度下降明显，特别是2015年其增长率仅为1.12%。进一步将其分解为不同区域进行分析，除东北地区在2015年后一直处于平稳发展状态外，其他三个地区制造业产业链韧性水平均在不断提升，其中东部和中部地区韧性水平一直优于西部，尤其是东部地区整体处于快速发展期，和其他地区的差距不断扩大。尽管西部地区受限于生态环境有待优化、人才动力不足、创新资源不足等问题，发展速度较为缓慢，但其韧性值在2016年以后稳健提升，在2020年其增长速度已经超越东北地区4.27个百分点，说明西部地区制造业产业链韧性水平不断提升，发展潜力大。

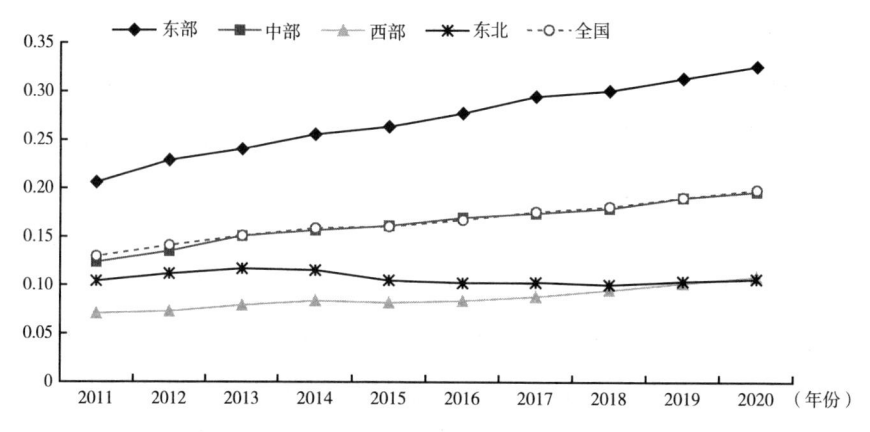

图 4-7　2011~2020 年我国各地区制造业产业链韧性均值变化趋势

增长率的变化通常能够反映事件的发展方向和增长速度。观察图 4-8 可以看出，全国各地区制造业产业链韧性指数总体呈现"高—低—高"的动态增长趋势，各地区增长率时高时低，且变化幅度较大，反映了区域内制造业产业链的发展不稳定、水平不一。从发展阶段来看，第一阶段（2011~2013 年）全国和各地区制造业产业链韧性均实现了正向增长，且发展态势最好，增长率基本在 5%~10%浮动，西部和中部地区在此阶段实现了快速增长，而东部地区增长率则和全国整体水平一样呈下降趋势。第二阶段（2013~2018 年）为低速增长阶段，增长率基本在 5%以下，总体呈"V"字形发展态势。在此期间，西部和东北地区增长率下降幅度最大，在 2014~2015 年增长率下降到最低点，特别是东北地区在此阶段有 4 个负增长时期，说明东北地区传统制造业占比过大、高技术制造业发展动力不足以及产能利用效率低等问题越发严重，亟待转型升级；2015 年以后，全国各地区制造业产业链韧性增长速度都有所回升，西部地区持续发力，在 2017~2018 年增长速度赶超其他地区，说明近年来西部地区制造业绿色发展理念取得一定成效。第三阶段（2018~2020 年）全国制造业产业链韧性指数提升趋势明显，总体水平较高，但可能受疫情连锁反应影响，"停工停产"、产业链受阻等问题严重，2019~2020年全国和各地区制造业产业链韧性指数增长率较2018~2019年均呈下降态势，中部地区由于地处我国内陆地带，产品贸易和对外流通受限，疫情冲击效应可能更大，因此韧性指数增长率下降幅度最大。总的来说，全国制造业产业链韧性虽然呈不断提升趋势，但仍表现出"基础差、增长慢、不稳定"等特点，特别是东北和西部地区拉低了全国平均水平，亟须找出制约因素来改善现状，不断提升产业基础能力。

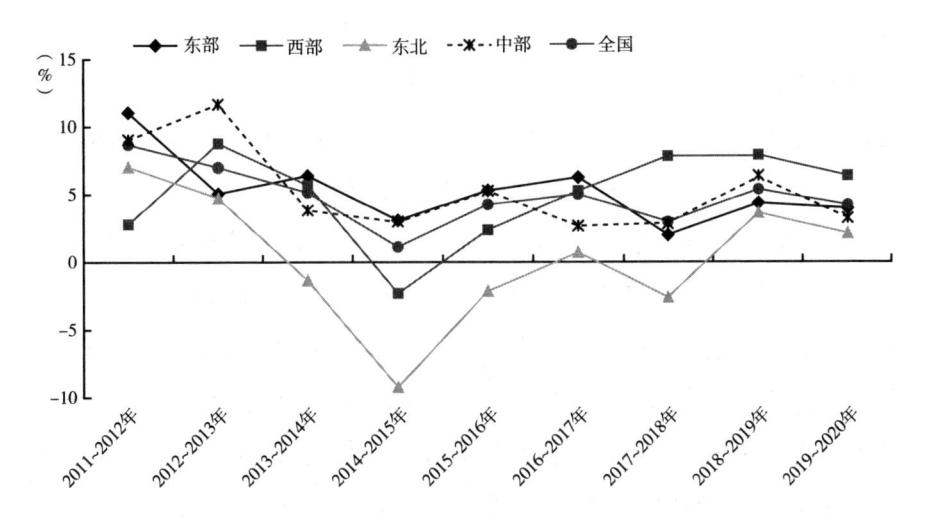

图4-8 2011~2020年我国各地区制造业产业链韧性增长率变化趋势

（二）省域变化趋势

由于将30个省域的制造业产业链韧性变化趋势绘制在一张图中，难以清晰明了地观测和对比省域的时序变化趋势，故本部分分地区探索具体省域制造业产业链韧性水平的时序变化规律。

从图4-9可以看出，东部地区内部制造业产业链韧性水平发展差异较大，韧性指数高于区域内均值的省份只有江苏、广东、山东和浙江，江苏和广东一直处于领先水平，其余6个省（市）均小于东部平均水平，海南处于最末。从变化趋势来看，江苏的韧性值总体呈快速增长（2011~2012年）、平稳增长（2012~2016年）、小幅下降（2016~2017年）再平稳发展（2017~2020年）的变化趋势，未出现大幅度变化；而广东的韧性值呈曲线上升（2011~2015年）、快速增长（2015~2017年）再稳健增长（2017~2020年）的变化趋势，在观测期内有阶段性的显著提升，并在2017年以后，超越江苏排在第1位；山东的韧性值呈平稳增长（2011~2014年）、小幅波动（2014~2017年）、急速下降（2017~2019年）再缓慢回升（2019~2020年）的变动趋势；浙江的韧性值呈缓慢增长（2011~2016年）、快速上升后下降（2016~2018年）再稳健增长（2018~2020年）的变化趋势，在2017年超越山东排名，且有继续增长赶超江苏的趋势；河北和福建的韧性指数变化趋势相似，总体呈缓慢增长（2011~2014年）、小幅下降（2014~2017年）、缓慢提升再下降（2017~2020年）的趋势；天津、北京和海南的韧性值在分析期内均无显著变化，总体呈缓慢发展趋势，仅个别年份出现轻微下降；上海的韧性指数则呈小幅波动（2011~2016年）再稳健上升（2016~2020年）的趋势，韧性水平不断提升。总体上，2011~2016年东部各省（市）的韧性值基本处于缓慢发展期，在2016年以后发展差异

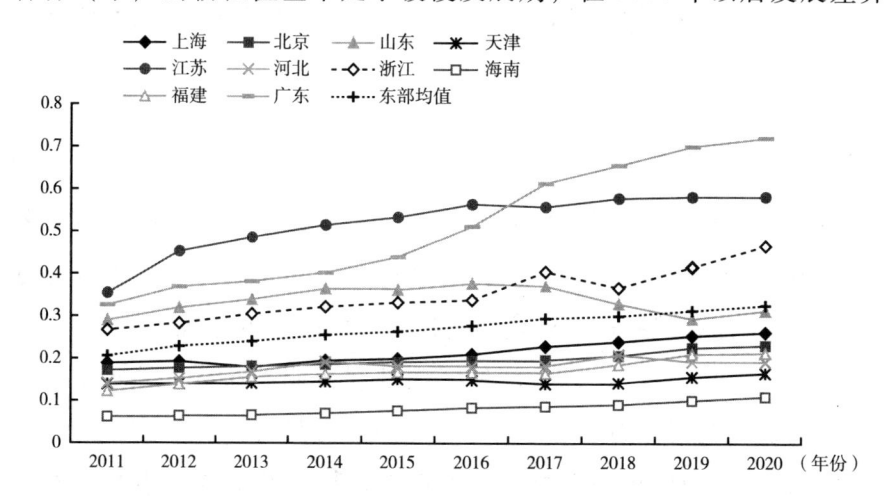

图 4-9　2011~2020年东部地区各省（市）制造业产业链韧性指数变化趋势

在逐渐扩大,排名靠前的省份如广东、江苏、浙江等提升速度更快,排名靠后的河北、天津等省(市)均是小幅提升,且在 2017~2019 年山东有明显的下降,故各省(市)应找准定位并及时厘清发展制约因素,促进区域内部制造业协调发展。

从图 4-10 可以看出,东北地区制造业产业链韧性水平差距整体不断缩小,韧性增长速度逐渐下降。作为老工业基地,东三省制造业产业链韧性值的变化趋势总体反映出区域内制造业抵抗和适应水平较低且增长较慢,这可能是因为东北地区受限于产业结构不合理、资源紧缺和科技水平低等因素,传统重工业的获利能力不足,制造业发展速度和效益提不上来。具体来看,辽宁的韧性值一直高于东北地区平均水平,呈平稳增长(2011~2013 年)、逐渐下降(2013~2016 年)再缓慢回升(2016~2020 年)的趋势,整体下落幅度较大;吉林和黑龙江的韧性值虽有小幅度提高,但仍跟不上东北地区的平均发展水平,表现出"起步低、提升慢"的艰难特征。黑龙江的韧性值总体呈缓慢增长、波动上升的趋势,而吉林则在 2017~2019 年表现出急速下降再提升的趋势,说明该时期吉林制造业产业链韧性水平不稳定,需要明确下降原因并及时应对。客观来说,近年来东北地区制造业发展确实面临诸多困境,如产业体制固化、工

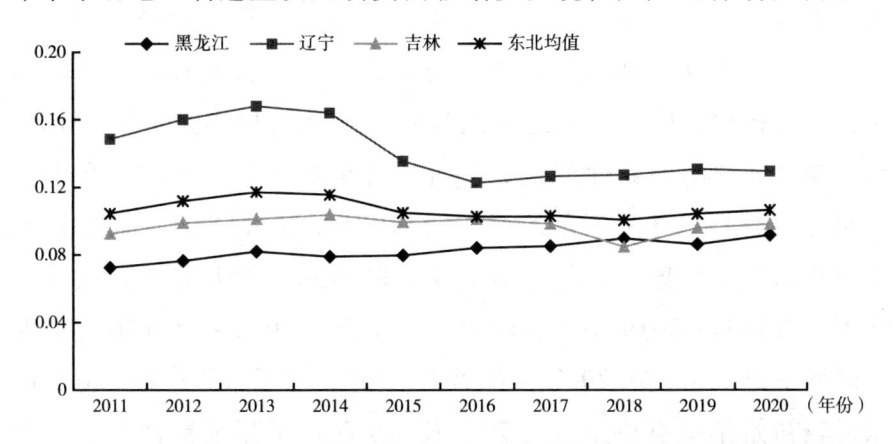

图 4-10 2011~2020 年东北地区各省制造业产业链韧性指数变化趋势

业原料和人才流失、制造业创新环境不佳等，产业结构转型迫在眉睫。未来东北地区各省应瞄准高技术制造业和服务业，优化政策供给和基础资源配置，将基础装备制造业向高端装备制造业转型升级，为东北制造乃至东北振兴注入活力。

从图4-11可以看出，2011~2020年中部地区制造业产业链韧性总体发展水平较高，呈现稳定增长的良好趋势，这可能得益于中部地区制造业门类齐全、能源资源要素丰富等优势。具体来看，发展较好的第一梯队是河南和安徽，河南的韧性值呈快速增长（2011~2016年）、逐渐下降（2016~2018年）、缓慢提升后平稳发展（2018~2020年）的变化趋势，产业规模效益和创新投入多是河南制造业产业链附加值高、韧性水平提升的关键性因素，2017~2018年出现下降可能是由于河南省在"十二五"期间的高速发展导致生产方式粗放、能源资源过度消耗等问题更加严重，限制了产业高端化发展，导致韧性水平降低，需要把握好生产和生态的平衡。安徽在评价期内的韧性一路上升，韧性值呈不断上升趋势，在2018年超越河南稳居中部地区第一。一方面，党的十八大以来，安徽聚焦高质量发展理念，坚持"数字+制造""集约+循环"的创新发展模式，实现了从农业大省到新兴工业大省再到制造业强省的完美蜕变；另一方面，安徽地处长三角经济圈，有着较好的区位优势和贸易条件，与江苏、浙江和上海等经济发达地区联系密切，能够促进地区间制造业产业链协同发展和优化升级。湖北和湖南的韧性值是最接近中部地区平均水平的，在个别年份有些微的上涨和下落，但幅度都较小，其中湖南一直呈现小幅增长的稳定趋势，而湖北则呈现"阶梯式"上升趋势，但第二次上升（2017~2019年）相较第一次上升（2011~2016年）幅度有略微下降，尽管在2017年和2020年有缓慢下降的趋势，但总体水平较初始年份有所上升。近年来，江西逐渐形成新能源、新材料和航空航天装备制造业等优势产业，不断优化产业环境，推进产业链"链长制"的落实完善，江西在评价期内的韧性值呈现先平稳增长（2011~2017年）后快速发展（2017~2020年）的趋势。山西的韧性值一直处于中部地区最末位，严重制约了中部地区制造业产业链韧性水平的整体提升，虽然韧性值总体呈波浪式缓慢上升的趋势，但增长速度较慢，不难看出山西制造业产业链近些年经营发展存在较大问题。2020年山西的R&D经费投入强度为1.12%，仅为全国平均水平的46.67%，R&D人员全时当量为2.74人年，仅为全国平均水平的12.8%，可见其创新研发投入和人才科技力量不足，难以实现制造业产业链韧性的提升。

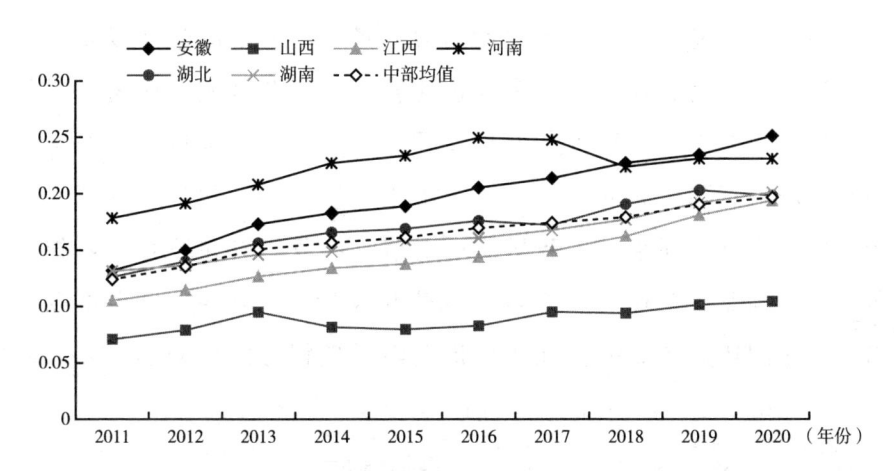

图4-11　2011~2020年中部地区各省制造业产业链韧性指数变化趋势

西部地区制造业受地理位置、经济基础和创新环境等要素影响，产业链链条短、附加值低以及生产模式落后等问题凸显，国家高度重视并不断鼓励和扶持西部地区产业转型和发展。从图4-12可以看出，自西部大开发等政策实施以来，西部地区制造业产业链韧性水平在个别年份虽然有所下降，但总体不断提升，且发展态势较好，有5个省（区、市）（四川、重庆、陕西、内蒙古和广西）在平均水平以上。具体来看，四川和重庆是西部地区制造业产业链韧性发展的排头兵，这两个省份无论是生产要素投入还是产业创新环境都具备一定的先进优势，在评价期内呈现总体增长的趋势；陕西的韧性值呈现平稳增长（2011~2013年）、小幅下降（2013~2017年）、快速提升再放缓（2017~2020年）的变化趋势，陕西地处内陆腹地，邻接省（市）较多，煤炭、石油、天然气等自然资源丰富，还有高校、科研机构等产学研力量都是该省制造业发展的有利条件，但制造业企业规模小、产业集聚和配套水平低仍不断制约着制造业产业链的升级和布局。内蒙古的韧性值呈现先小幅下降（2011~2012年）后快速提升（2012~2014年）再持续走低（2014~2020年）的态势，内蒙古位于偏远内陆，科研和人才力量薄弱，高技术产业发展动力不足，在能源化工市场饱和的大背景下，未来应坚持以高质量发展理念促进制造业智能化和绿色化转型，提升区域产业链应对外部环境变化的能力。2010年我国东盟自由贸易区成立后，广西凭借与东盟国家海陆相邻的区位优势，在"一带一路"建设中不断发挥新作用，自身也迎来发展契机，不断培育产业集群和核心产业的竞争力，引领龙头企业带动产业链现代化发展。从图4-12中可以看出，广西制造业产业链韧性在评价期内呈现较好的提升趋势，未来

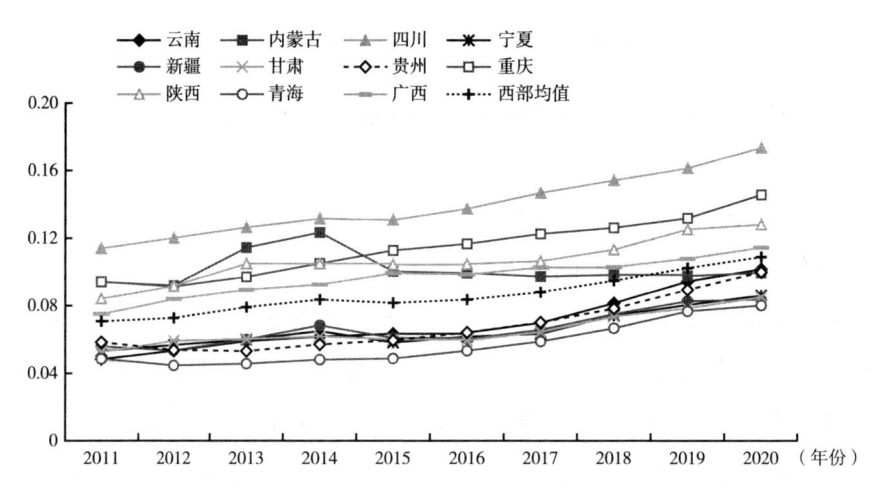

图4-12　2011~2020年西部地区各省（区、市）制造业产业链韧性指数变化趋势

应进一步重塑产业链和价值链分工格局,将重心落在效益高、前景好的高技术产业发展上。相比较而言,云南、贵州、宁夏、新疆和甘肃等省(区)制造业产业链韧性水平较低,可以说是制约西部地区韧性水平提升的重要原因,这些省(区)虽然普遍呈现小幅波动、缓慢上升的趋势,但韧性值都偏低,提升速度有限,这可能与区域内资源枯竭、产品核心竞争力不足以及生态环境恶化等多重原因有关,说明这些地区尚未摸索出合理有效的产业链升级路径,仅仅依赖政策倾斜是难以实现产业现代化发展的,必须植根于技术创新和绿色发展理念,不断优化和提升产业链。

第六节 中国省域制造业产业链韧性空间演化分析

一 空间格局特征分析

在进行时序演化分析后,为进一步探索我国省域制造业产业链的空间格局特征,本节选取表4-1中主要年份的截面数据,基于自然间断点分级法(Jenks,1963)将各省域划分为低韧性、较低韧性、中等韧性、较高韧性和高韧性水平5个等级(其中港澳台和西藏为非研究区)。自然间断点分级法是由George Frederick Jenks教授提出的一种运用聚类思维的分类方法,该方法认为任何数据都存在自然转折或断点,基于数值分布规律和方差拟合优度方法进行识别分类,能使不同类别之间的差异最大化。本节采用自然间断点分级法并借助ArcGIS 10.7软件做空间格局可视化表达,韧性等级划分结果如表4-4所示。中国省域制造业产业链韧性总体呈"西北—东南"由低到高的集中趋势,在评价期内低韧性及较低韧性分布状态总体占据主导地位,且分布以西部和东北地区为主,高韧性水平主要集中于东部沿海区域,中部则以中等韧性和较高韧性为主。

表 4-4 主要年份中国省域制造业产业链韧性水平等级划分

韧性等级	2011 年	2016 年	2020 年
低韧性	云南、广西、贵州、山西、宁夏、甘肃、新疆、青海、黑龙江、海南	新疆、甘肃、青海、宁夏、云南、贵州、海南	黑龙江、内蒙古、吉林、新疆、甘肃、青海、宁夏、山西、云南、贵州、海南
较低韧性	四川、重庆、陕西、内蒙古、吉林、江西	黑龙江、吉林、辽宁、内蒙古、山西、陕西、四川、重庆、广西	辽宁、陕西、重庆、广西
中等韧性	辽宁、天津、湖北、湖南、福建、安徽、河北	北京、天津、河北、河南、湖北、湖南、江西、福建、安徽	天津、河北、四川、湖北、湖南、江西、福建
较高韧性	北京、上海、河南	山东、浙江、上海	河南、安徽、上海、山东、北京
高韧性	山东、江苏、浙江、广东	广东、江苏	广东、江苏、浙江

具体来看，高韧性水平分布普遍集中在东部沿海地区，除辽宁、海南、河北和福建等省份外，江苏、浙江和广东等沿海省域凭借区位环境和产业基础优势在全国韧性中排名居前列；而山东虽与江苏、广东同为制造业大省，但由于冶金、化工产业的企业份额大、工艺设备复杂，数字化赋能产业结构转型的难度较大，制造业产业链升级路径受阻，导致韧性水平不增反减，由高韧性水平降低至较高韧性水平。较高韧性和中等韧性主要分布在中部内陆和京津冀地区，较高韧性地区数量增加，到 2020 年主要分布在北京、上海、河南、山东和安徽 5 个省（市），其中北京和河南同在评价期内经历"较高—中等—较高"的等级分布变化，而天津和河北一直呈中等韧性状态，京津冀地区反复呈现"核心—边缘"的特征；除湖北、湖南、天津、福建和河北等省域稳定呈现中等韧性状态外，安徽自 2018 年融入"长三角一体化"战略以来，与苏浙沪等发达地区深入合作实践、蓄力直赶，不断由以粮和铁为主的"传统农业大省"转变为"科技新兴产业集聚地"，在评价期内由中等韧性转为较高韧性水平；辽宁退出"中等韧性"转为

"较低韧性";而江西可能受周边省(市)的辐射带动影响,逐渐由"较低韧性"转入"中等韧性"行列。

值得注意的是,四川近年来不断进行数字化转型优化和重塑制造业产业链,在 2020 年由"较低韧性"迈进"中等韧性"分布区,可见在推进"四川制造"向"四川智造"转型背景下,该省制造业产业链韧性水平有一定发展潜力,其在西部地区的核心辐射能力也将不断突出。评价期内,中国制造业产业链低韧性和较低韧性水平主要分布在西部地区和东北地区,其中,宁夏、青海、新疆、甘肃、贵州、云南等西部省(区)稳定保持在低韧性区域,黑龙江和山西在评价期内经历"低—较低—低"的状态波动,但评价末期仍与初始状态相同;四川和江西最终由较低韧性提升至中等韧性水平,而吉林、内蒙古和辽宁的韧性水平均呈下降状态,广西韧性水平有小幅提升但仍亟须不断提升。

二 空间关联特征分析

"地理学第一定律"提出,任何事物间都存在相互关联的特性,物体间距离越近则相关性越强、影响越大。由前文分析可知,我国省域制造业产业链韧性在空间格局视图中具有明显的区域异质性和集聚特征,而各省域之间是否存在集散关联特征以及关联程度如何尚需验证。借鉴相关空间统计分析研究(Shao et al., 2019;王彩丽、闫绪娴,2022),本章使用探索性空间数据分析(Exploratory Spatial Data Analysis,ESDA)方法检验我国省域制造业产业链韧性的空间关联情况,主要分为全局自相关和局部自相关两种,具体如下。

(一)全局自相关

全局自相关是基于区域单元在空间权重矩阵下与邻近单元属性值的相似程度,分析研究区域整体集聚或分散特征,一般采用全局莫兰指数(Moran's I)来衡量,计算公式如下:

$$\text{全局 Moran's I} = \frac{\sum_{i=1}^{n}\sum_{j=1}^{n}W_{ij}(X_i-\bar{X})(X_j-\bar{X})}{S^2\sum_{i=1}^{n}\sum_{j=1}^{n}W_{ij}}, S^2 = \frac{1}{n}(X_i-\bar{X})^2$$

(4-13)

式中，n 和 S^2 分别为研究区域数量和方差，X_i 和 X_j 分别为 i 省域和 j 省域的制造业产业链韧性指数，$\bar{X}$ 为我国省域制造业产业链韧性指数均值，W_{ij} 为空间权重矩阵。本章参考魏婕等（2021）、王倩等（2020）、孙盼盼和戴学锋（2014）、肖翠仙（2021）的研究，选择 Queen 邻接空间权重矩阵进行研究，若 i 和 j 相邻，W_{ij} 值为 1，否则 W_{ij} 值为 0。全局 Moran's I 指数的取值范围为 [-1, 1]，当其值等于 0 时，表明区域整体不具有空间相关性并呈随机分布特征；大于 0 时表明区域整体呈正向关联特征，其值越接近于 1 表示空间集聚特征越明显；相反，小于 0 则表明负向关联特征，且越接近于-1 表示空间离散特征越明显。

借助 GeoDa 1.16 软件计算得出 2011~2020 年我国省域制造业产业链韧性均值的全局 Moran's I 指数（见表 4-5）。从结果来看，各个年份全局 Moran's I 均为正值，初步表明全国制造业产业链韧性存在空间正相关关系，采用蒙特卡罗模拟仿真对计算结果进行显著性检验（殷为华，2019），发现其统计量 Z 值均大于 2.58，P 值均小于 0.01，表明一致通过 1% 水平的显著性检验。计算和检验结果表明，我国省域制造业产业链韧性指数有明显的空间集聚特征，即研究对象之间表现出高水平相邻（高韧性与高韧性）或低水平相邻（低韧性与低韧性）的集聚分布特征，全国韧性发展趋于良性互动和优势互补。进一步绘制 2011~2020 年全局 Moran's I 指数变化趋势图（见图 4-13），结果表明，全局 Moran's I 指数在 2011 年取得最大值，为 0.396，最小值为 2018 年的 0.299，在评价期内总体呈现"波动上升—大幅下降—小幅提升"的变化趋势，表明我国省域制造业产业链系统的空间关联关系并不稳定，虽表现出集聚特征但经历了"减弱—增强—减弱—再增强"的反复变化。2011~2015年全局Moran's I指数呈现"先下降后上升"的变化趋势，并在2015年达到0.394，仅与2011年相差0.002，说明在此期间区域间空间集聚性减弱后不断恢复增强；2015~2018年全局Moran's I指数达到阶段较高点后持续下降，表明此时空间集聚性有所减弱；2018~2020年全局Moran's I指数开始不断提升，意味着空间集聚性有不断增强的趋势。

表4-5 2011~2020年我国省域制造业产业链韧性全局Moran's I指数

指标	2011年	2012年	2013年	2014年	2015年	2016年	2017年	2018年	2019年	2020年
Moran's I	0.396	0.387	0.384	0.392	0.394	0.363	0.319	0.299	0.300	0.312
P值	0.003	0.005	0.006	0.006	0.004	0.005	0.006	0.009	0.008	0.006
Z值	3.500	3.515	3.497	3.576	3.620	3.394	3.048	2.980	3.023	3.094
标准差	0.122	0.119	0.119	0.119	0.118	0.117	0.116	0.112	0.111	0.112

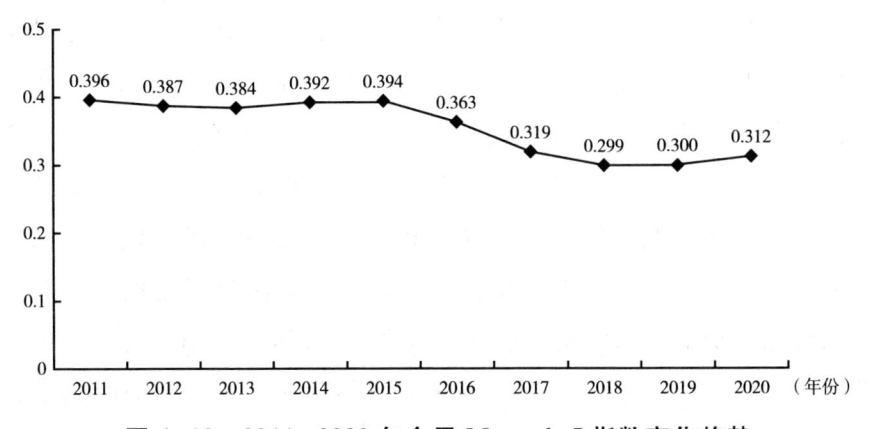

图4-13 2011~2020年全局Moran's I指数变化趋势

（二）局部自相关

由于全局Moran's I指数仅能研究判断区域整体集散特征，无法诠释局部空间关联特征情况，易忽略空间变化过程中的潜在异常情况，需要进一步进行局部自相关分析。局部自相关分析常用局部

LISA 指标（Local Index of Spatial Autocorrelation）来衡量，之后对集聚区域进行不同类型的划分（张婷婷，2018），计算公式如下：

$$I_i = \frac{(X_i - \overline{X})^2}{S^2} \sum_{j=1}^{n} W_{ij}(X_j - \overline{X}) \qquad (4-14)$$

在式（4-14）中，I_i 为局部 LISA 指标，若 $I_i>0$ 并通过显著性检验，则表明区域单元周围相似值出现空间集聚；反之则表明区域单元内非相似值集聚。

为进一步探究我国省域制造业产业链韧性局部相关性，以全局 Moran's I 指数对空间整体相关性的检验为基础，选取首末及中间年份的截面数据，借助 GeoDa 1.16 软件计算局部 LISA 指标，并通过局部 Moran 散点图、LISA 聚类图及其显著性检验图来表征和分析局部单元与周围区域的关联特征。Moran 散点图由四个象限组成，依次表征 H-H 型（自身属性值较高且周围区域也为高值）、L-H 型（自身属性值较低但周围区域为高值）、L-L 型（自身属性值较低且周围区域也为低值）和 H-L 型（自身属性值较高但周围区域为低值）。

通过观察不同象限的省域分布数量可以得知局部空间集聚特征和空间异质性情况。位于第一象限和第三象限的地区表现为空间正相关特征，即空间集聚性；位于第二象限和第四象限的地区表现为空间负相关特征，即空间异质性。从图 4-14 可以看出，各象限散点分布形式和分布数量均有一定变化，局部 Moran 散点图随时间推移呈现出"由四周分散向原点集中"的变化趋势；具体来看不同象限的分布数量情况，2011 年位于第一象限和第三象限的地区数量分别为 8 个和 15 个（共占比 76.67%），2016 年位于第一象限和第三象限的地区数量分别为 7 个和 11 个（共占比 60.00%），2020 年位于第一象限和第三象限的地区数量分别为 6 个和 16 个（共占比 73.33%）。大多数省份位于第一、第三象限，表明评价期内这些区域制造业产业链韧性呈现较强的局部空间集聚性。

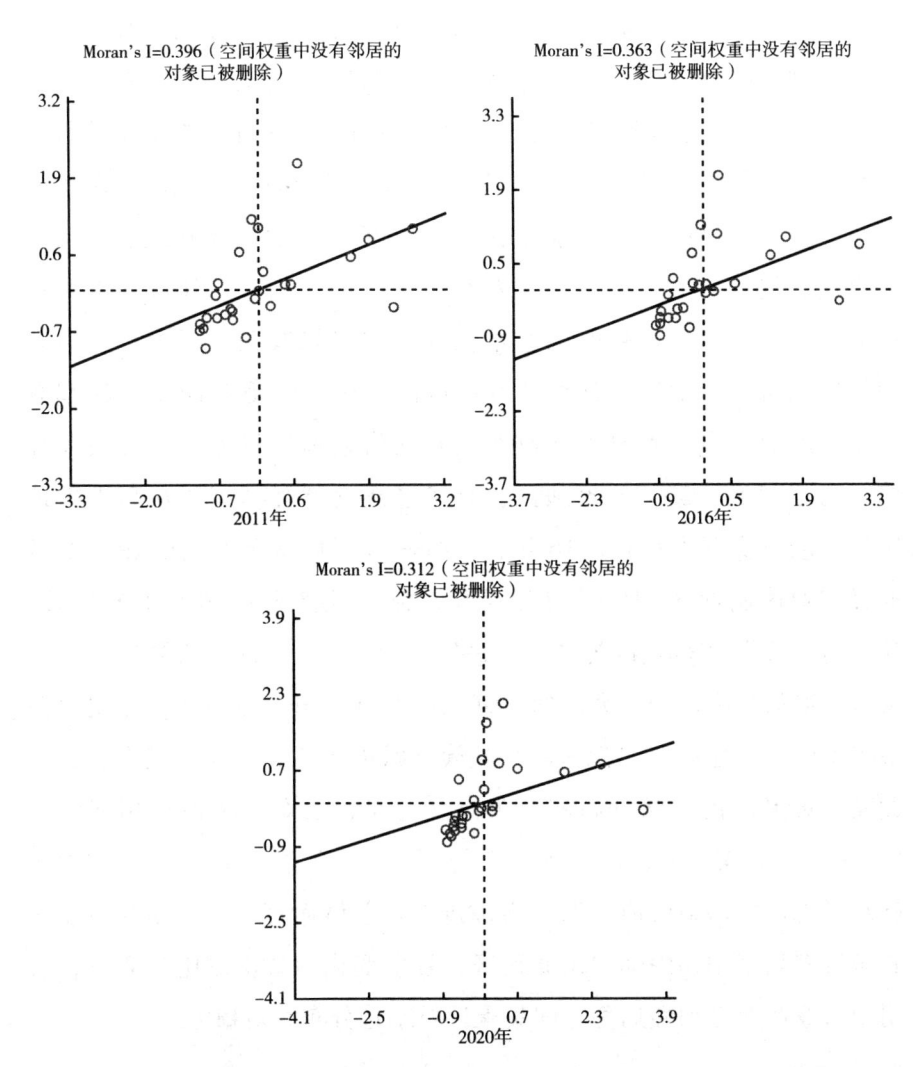

图 4-14　主要年份我国省域制造业产业链韧性局部 Moran 散点图

用 GeoDa 1.16 和 ArcGIS 10.7 软件绘制局部 LISA 聚类图及其通过 P≤0.05 检验的显著性检验图，可以进一步揭示各省域空间集聚的具体表现形式和空间位置。从表 4-6 可以看出，主要年份中国省域制造业产业链韧性虽呈现一定的局部集聚特征，但集聚不显著的地区占比始终在 70% 以上，说明局部空间集聚程度不高。从整体分布类型来看，"高—高"集聚地区数量先增后减，呈现由东部沿海逐渐向中部内陆地区转移、由片状分布逐渐转为点状分布的特征；而"低—低"集聚地区则相对稳定地分布在西部地区并始终保持片状分布特征；相较前两者，"低—高"集聚范围较小且分布地区不断发生变化，呈现明显的点状分布特征；"高—低"集聚现象在观测期内并未出现。具体从省域集聚特征来看，2011年，山东、江苏、上海呈高值集聚，这与其优越的工业基础和区位优势有关；新疆、甘肃和四川属低值集聚地区，其地处西部内陆，生态环境和产品贸易都有一定程度的受限，表现出低速发展和低值包围的特征；而安徽和福建则属于"低—高"集聚地区，具备过渡性特征，有望在高水平地区的带动下实现发展。2016年，"高—高"集聚区新增安徽，安徽通过产业体制改革和区域交互合作，制造业产业链韧性不断提升，从"低—高"集聚过渡为"高—高"集聚；"低—低"集聚区新增内蒙古，低值包围范围扩大。到2020年，除上海外，江苏、山东退出高值集聚区，福建脱离"低—高"集聚并跃进至"高—高"集聚区，至此高值集聚区由片状分布转变为点状分布；在安徽和福建相继转入"高—高"集聚区后，江西成为新的"低—高"集聚区，有望在周边高水平省份的辐射效应下取得突破进展。总体而言，观测期间不显著省域较多且集中在中部和东北地区，发生变化的省份占比为20%，表明制造业产业链韧性局部空间集聚性较小且分布相对稳定。

表4-6 主要年份中国省域制造业产业链韧性集聚类型划分

集聚类型	2011年	2016年	2020年
H-H集聚	山东、江苏、上海	山东、江苏、上海、安徽	安徽、上海、福建
H-L集聚	—	—	—
L-H集聚	安徽、福建	福建	江西
L-L集聚	新疆、甘肃、四川	新疆、甘肃、四川、内蒙古	新疆、甘肃、四川、内蒙古

第七节　提升中国省域制造业产业链韧性的建议

一　合理布局区域产业链，推动产业分工与协作

我国工业化进程快但基础并不稳固，区域发展失衡、产业集群质量欠佳等问题长期存在，区域产业链布局结构难以适应产业链现代化建设和经济高质量发展目标。要整体提升制造业产业链韧性，就必须以立足全局、统筹兼顾为基本理念，识别和遵循不同区域产业链布局的客观规律，并因地制宜采取"精准化""差异化"措施重塑和优化产业链布局，以此不断削弱传统区位界线对生产要素流通和产业转移的限制，打破"胡焕庸线"两侧地区长期以来制造业两极分化的固有局面，实现优势互补和联动发展。本章通过分析各地区制造业产业链韧性的分布差异，提出"东部引领、东北振兴、中部承接、西部开发"的目标，并对不同地区进行分类施策，具体如下。

一是东部地区要扩大创新和出口优势，发挥辐射和引领作用。东部地区区位条件优越，工业发展拥有较强的经济和社会基础，一直是我国制造业高质量发展的"领头羊"，但就本章研究分析而言，东部地区较少省份具备辐射带动效应，反而是河北、海南两省的韧性水平与广东、江苏等制造强省的差距有不断扩大的趋势，因此东部地区未来有待形成以广东、江苏为核心的高水平辐射区，加强区域产业链分工合作，在产品技术更新、成本费用降低等方面实现优势互补、区域风险共担，增强产业链稳定性和包容性，此外还应适当大力推进数字经济赋能制造业升级路径，促进产业链多渠道、多方位和高级化发展，努力向制造业全球价值链高端攀升。

二是东北地区要深化产业结构和体制改革，振兴工业基础和发展地位。东北地区作为传统老工业基地，近年来面临大量人口流失

现象，高技能、高水平人才供给不足，且随着全球价值链分工中发达国家"高端挤压"和新兴经济市场"低端挤出"的双端挤压局势不断严峻，东北地区传统制造业经济下行趋势越发明显，这也在前文分析结果中得到验证。要振兴东北老工业基地，首先必须更新发展策略，加快推进制造业结构和体制改革，破解传统国有企业占比过大而民营经济弱的固化体制问题，倡导国有和民营经济协同发展；其次要深化创新发展战略，推进科教事业发展，以产业链延伸为主线、价值链提升为目标，以"新技术、新产品、新业态、新管理"贯穿制造业转型升级全过程。

三是中部地区要灵活承接东部地区的产业转移，积极发挥经济枢纽作用。进入新时代以来，中部地区制造业加速崛起，不断发挥区位、市场和资源要素优势，联结东西部协同发展，但产业转移承接和高速发展背景下也存在诸多问题，如资源能耗问题反噬生态环境、创新动力不足、低端产能堆积而新兴产业缺位等。未来中部地区应灵活承接东部地区的产业转移，与东部地区联合打造先进制造业集群，优化制造业产业链的水平分工与垂直整合；同时要瞄准"高、精、尖"产品市场需求，适当淘汰和外迁过剩产能行业，将创新发展战略根植于产业链的各个环节，重点扶持战略性新兴产业和循环经济产业，加大研发资金和科技人才投入，不断改善制造业产业链对能源资源、廉价生产力等传统生产要素的路径依赖。

四是西部地区要以创新开发为主、以政策支持为辅，突破区位限制，增强制造业产业链韧性。从本章研究结果来看，西部地区除重庆、四川外，其他省份制造业产业链普遍呈现弱韧性特征，这不仅极大地阻碍了全国整体韧性水平的提升，也意味着区域内制造业产业链面临"断链""卡链"风险时的抵抗力和适应力较差，必须引起重视。而历史经验表明，西部地区仅靠自身难以实现质的突破，未来应积极承接东中部地区先进制造业，引进生产技术和管理模式，加大研发投入力度，积极培育龙头产业，以特色锻长板；同时，西部地区要贯彻利用"西部大开发""一带一路""西部陆海新通道"等一系列政策，以政策链支撑强化产业链，深化对外开放和跨区域开发合作，同步"引进来"与"走出去"，即坚持将技术引进、资本引进和人才引进与推广产品和服务相结合，不断延伸和拓宽产业链条。

二 优化产业链内部结构，提高产业基础能力

进入工业化中后期，原材料、劳动力等生产要素红利已经不再，在资源紧张和经济快速发展的双重压力下，必须重新审视我国制造业产业链的稳定性和安全性，遏制制造业"脱实向虚"的阶段性趋势，增强产业链韧性尤其是制造业的链条韧性是稳定国民经济的重要战略指引。基于维度比较分析结果可知，我国制造业产业链内部生产韧性指数呈"起步低、缓增长"的特点，研发制造得分最低，资源基础和生产加工得分也呈下降趋势，制造业依靠传统生产要素的模式不再适用，亟须从内部生产角度，厘清制造业全产业链的优势与劣势，既要稳住现有生产优势，也要注重关键环节"点式突破"和上下游环节"链式协同"的效率优化，锻长板和补短板要双管齐下，统筹规划和扎实推进制造业"固链、补链、优链、强链"等工作，提高系统应对各类突发情况的抵抗和自我优化能力，具体如下。

一是夯实产业基础，提高资源要素配置效率。首先，要对产业基础性资源进行科学配置和调控。为避免产能过剩危机和资源浪费，应减少对低端传统制造业的资源投入，将资源要素和生产重心转移到价值效益高、经济联系强的产业中，加大对工艺设备、储备工厂等基建设施的投入，以此打造强健、不易替代的生产链体系。其次，要优化制造业企业主体结构。疫情冲击下，国有企业积极承担社会责任，对国计民生和经济恢复有着卓越贡献，但也不能忽视"隐形冠军"企业在关键领域的特有优势。党的十八大报告指出"中小企业能办大事"，提升产业链韧性不仅要依托"链主"企业，还要通

过减税降费、增加创业项目补贴等政策积极鼓励和培育"专精特新"中小企业进行稳链、补链，促使链上企业主体多元化，更有助于化解各类风险。

二是围绕"创新链"部署"产业链"，引领制造业高端化发展。目前，我国产业链在全球竞争市场中仍存在核心技术"断供"隐患，制造业要打造自主可控、稳定强健的产业链体系就必须全力突破"低端锁定"，要明确形成以企业为主体、以技术为支撑、以研发和合作为渠道和以价值链提升为目标的现代企业创新体系，推进"中国制造"向"中国智造"转变。一方面，可以对关键技术供应商采取多元化和精细化选择，建立健全供应商选择信息库，同时提升制造业企业市场化研发和学习效率，推动企业研发"复刻"和更新升级双管齐下，以打通研发环节的潜在堵点，实现先进产品的国产替代和自我升级。这不仅是产业链提质增效的核心要点，也是杜绝"卡脖子"现象、实现产业链安全可控的关键路径。另一方面，可以组建以制造业企业、政府、高校和科研机构为联合主体的"政产学研"创新合作同盟，制造业产业链创新升级是一项复杂的大工程，仅靠单边力量难以在短期内有所突破，只有企业、高校、科研机构和政府等主体积极联动、协同创新，才能有效助推产业链网络突破地缘限制，企业链、人才链、创新链、政策链等融合互通，更能加快知识和技术的难关攻克和成果转化，尽早锻造我国制造业在全球价值链分工中"争优争新"的技术优势。

三是优化生产运营模式，提高企业产出效率。生产运营是产业链实现资金流、物质流和信息流等要素输送和转化的关键环节，要着重解决好企业人工成本和流通成本上升所带来的难题。首先要建立精细化、专业化的生产管理制度，避免单一"流水化"生产线，以工业"四基"为侧重点强化要素集成与流通，打造一批先进的现代化工厂，通过劳动者技能专业化、机械设备智能化、资金流通灵活化等方式改造传统产业链条，提高成本和风险内控效率；其次要针对"黑天鹅"事件构建集"风险预警—应急补偿—链条备份与恢复—经验总结"于一体的防护机制，实时监测链条循环的畅通性，稳定资金和劳动力储备，避免出现生产力不足或资金周转不灵引发的生产断供、订单丢失等问题，提高产业链内部稳定性以降低"断链"风险。

四是瞄准国内国际市场需求，强化产品竞争优势。"双循环"发展背景下，国内国际市场需求呈高端化和多元化趋势，要争夺更多市场份额必须促进产品服务升级并按需供应。首先，针对国内市场电子通信、生物医药和新能源汽车等生产性服务业的需求升级问题，应激励和助推龙头企业实现产品和服务由粗加工向精加工升级，同时要积极构建"陆海内外联动、东西双向互济"的发展格局，加强区域产业链协同合作，提高产品本土化经营水平；其次，为在全球产业链治理过程中掌握一定话语权，要积极参与国际市场分工与合作，各地区在市场竞争中要学会利用自身资源禀赋优势，加强与先进外资企业的开放合作，持续扩大产品出口贸易，内陆地区特别是贵州、广西等地区也应紧抓"一带一路"发展契机，不能再一味地选择"引进"，而是要通过移植、集聚、创新等方式积极拓展优势产业链，使其延伸至国际海外市场。

三 优化产业生存环境，提高产业链适应发展能力

历史经验表明，产业链的安全稳定与产业环境多变性息息相关，对产业链以及链上企业的环境适应性有着一定要求，如疫情使众多中小企业面临倒闭转型风险、生态红线逼近反噬企业生存环境等问题都在不同程度上影响着产业链系统的正常运转。疫情常态化背景下，"复工"不一定能实现"复产"，提升产业链水平、增强韧性不仅要改造传统生产和经营要素，培育技术、人才和管理等软实力，还要注重产业环境的监测与适应，加快对风险的响应速度和从危机

中恢复的速度。从本章研究结果来看，我国各省份的环境适应韧性呈现出区域异质性特点，故本节从以下三个方面提出相应建议。

一是推进科教事业和交通设施发展，保障区域社会稳定。稳定有序的社会环境是保障产业转型升级的"压舱石"，对稳定产业链发展有着重要的支撑作用。发达省份与偏远落后省份的社会保障力度仍有较大差距。从分析结果来看，要重视新疆、云南、贵州、青海和黑龙江等地区的社会环境改善，一方面要以产教融合和校企一体化战略为引导，不断完善高校人才培养机制，制定良好的就业政策吸引和留住人才，为制造业发展输送人才；另一方面要系统推进城镇化改革，加快构建对外联系通道，推进智能交通发展，降低运输和交易成本，扩大利润空间。

二是完善节能和减排双重治理机制，打造循环经济生态链。改革开放以来，制造业长期粗放式生产虽在"量"上积累了一定效益，但忽略了"质"，对资源和生态环境一度造成不可逆的负面影响。制造业可持续发展是新发展格局下各省产业链转型升级的新考卷，特别是甘肃、辽宁、内蒙古和山西等代表省（区）要积极以绿色发展理念重塑制造业循环经济生态链。首先，要牢固坚守生态红线，积极践行"双碳"政策，提高产品节能与环保标准，加大社会环境监管和法制保护力度，把培育节能环保产品纳入企业责任绩效考核中，引导企业构建绿色规划、清洁生产、生态工厂、循环往复的制造业产业链发展体系；其次，要鼓励企业积极开展绿色技术创新活动，大力推广清洁能源和新技术的应用，在提高制造业污染物排放标准的同时增加对"三废"污染问题的治理投资，不断完善产业发展与生态保护的平衡机制。

三是推进数字经济与制造业融合发展，促进产业链更新升级。"十四五"规划明确指出，要推进数字技术与实体经济深度融合，为制造业转型升级指明方向。数字经济是制造业高质量发展的重要驱动力，但当前中西部省份数字经济发展指数仍较低，这不仅是因为地区缺乏良好的政策环境，制造业企业也暴露出数字化创新意识薄弱、互联网科技人才缺乏等问题。提升制造业产业链韧性必须重视和利用数字经济，一方面要加快以数字技术和数据信息为核心的生产要素转变，有效节约产业链要素成本和降低对资源能源的路径依赖，促进信息经济与实体经济相融合，以此来打破信息、资金传输壁垒和链条边界；另一方面要以数字赋能助推产业链数字化转型，提高企业生产运营效率，依托大数据和物联网等新兴产业加快构建制造业产业链信息化网络平台，及时准确地掌握市场信息并形成科学高效的供需响应机制，防止信息不畅造成供需错配、订单积压等问题，从而提升产业链稳定性。

第五章　全球价值链视角下中国制造业产业链韧性评价

第一节　评价指标体系构建

一　我国制造业产业链基本特征及国际分工地位

产业链一般包含上游的原材料采购、中游的生产制造、下游的销售服务等环节。产业链不是独立的，而是同一产业内全部具有连续追加价值关系的活动所构成的价值链关系。改革开放以来，我国制造业发展取得了历史性成就，发生了历史性变革，产业体系更加健全，产业链更加完整，实现"量"的稳步增长和"质"的显著提升，综合实力、创新力和竞争力迈上新台阶，为全面建成小康社会、开启全面建设社会主义现代化国家新征程奠定了更加坚实的物质基础（刘坤，2022）。总体上，我国制造业产业链具有如下特征。

第一，我国制造业拥有完整的产业链，产业体系完备。改革开放以来，面对良好的国际产业环境以及我国资源和劳动力禀赋的比较优势，再加上引进国外资本和技术，我国制造业快速发展，大力提升了国际竞争力，为我国成为制造业大国奠定了坚实的基础。我国制造业在快速发展中建成了比较全面的产业体系，拥有独立、完整的产业链（Jia，2019）。我国作为制造业大国且拥有较完整的产业配套体系，为制造业的生产和流通过程增加了稳定性。

第二，我国制造业产业结构不断优化，其增加值位居世界前茅。我国制造业增加值从改革开放以来的1475.2亿元增长至2020年的266417.8亿元（见图5-1）。2020年，我国制造业增加值占国内生产总值的比重为26.29%，占全球制造业增加值的比重为30%，稳居全球第一制造业大国地位。近年来，我国积极推进制造业产业结构调整，优化产业结构，使得我国传统制造业不断转型升级，有效地促进了我国制造业的高质量发展。

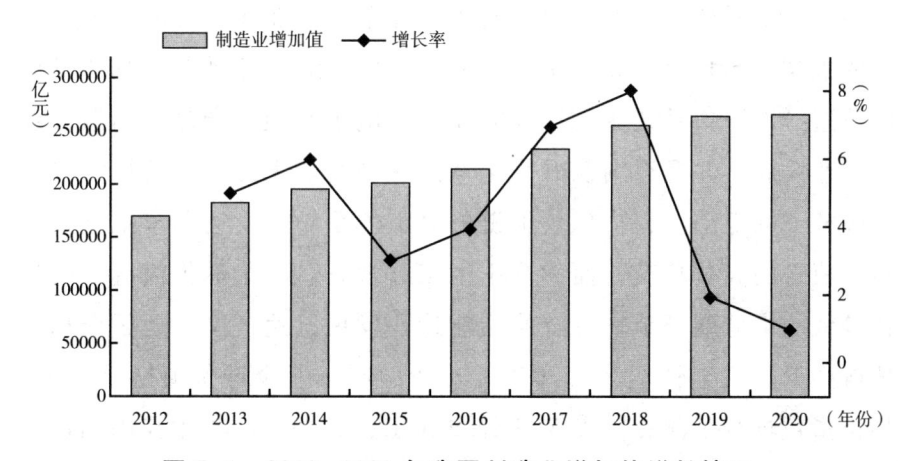

图5-1　2012~2020年我国制造业增加值增长情况

资料来源：历年《中国统计年鉴》，经笔者整理而得。

第三，我国制造业仍处于全球价值链中低端，创新能力不足，核心技术受制于发达国家。随着我国经济的迅速发展，科技创新发挥着越来越大的作用，因此我国持续加大创新投入，提升科技创新水平，但是总体上与发达国家之间还存在一定的差距，在核心技术方面仍被发达国家"卡脖子"，对外依赖程度较高。

第四，我国制造业产业链韧性不足的缺点日益显现。在严峻的国际大环境下，我国面临前所未有的挑战。两个"严重不符"是我国制造业产业链目前面临的巨大风险。首先，在公共事件突发情况下，重要物资曾一度短缺，生产供应滞后，而这严重不符合我国全球第一制造业大国的地位；其次，全球经济形势严峻复杂，全球化进程受阻，我国制造业产业链面临"断链"的风险，而这与我国经济高质量发展、产业链现代化的目标严重不符（秦海林，2020）。

全球价值链已成为经济全球化的重要特征，全球价值链分工更是逐渐发展成为国际分工的主要趋势（Krugman，1995；叶作义等，2015）。改革开放以来，世界贸易投资大环境不断改善、信息通信及交通技术不断变革，这促成了基于国际垂直专业化分工的全球生产链的重塑（Schmitz，2004）。我国制造业根据自身要素禀赋和发展阶段选择以进口替代为主，大规模生产电子及轻工产品，制造业经济迅速发展，并且逐渐跃升为全球第一制造业大国，不断扩大参与国际分工的范围。在全球价值链的分工体系中，发达国家主导着全球价值链的高端环节，而发展中国家通常只参与全球价值链上附加值较低的中低端环节。尽管我国制造业发展迅速，但仍处于全球价值链中低端。金钰莹等（2020）对我国制造业全球价值链（GVC）地位指数进行了测算。表5-1结果显示，2010~2014年我国制造业全球价值链地位指数均为负值，处于全球价值链下游位置，2015年之后逐渐增加为正值，但总体上我国制造业依然处于全球价值链的中低端位置。我国制造业参与国际分工的方式主要是通过对国外进口中间产品的再加工，总体上呈现"大而不强"，高端核心技术依赖发达国家，因此在全球产业链分工中，我国制造业基本只能从事加工组装业务，不仅附加值低而且耗费大量能源。过去基于我国人口红利的竞争优势已随着人口老龄化的加剧而逐渐消失，并且面临全球价值链低端锁定的困境。我国商务部等七部门于2016年联合下发的《关于加强国际合作提高我国产业全球价值链地位的指导意见》，正是为了提升我国的全球价值链分工地位，转变我国制造业国际分工专业化结构（武杰、李丹，2021）。党的十九大报告明确指出，"促进我国产业迈向全球价值链中高端"。因而，我国制造业迫切需要提升全球价值链分工地位（洪俊杰、商辉，2019），强化其专业化生产能力以突破全球价值链低端锁定的枷锁（俞荣建，2010），推进国内价值链体系向全球价值链体系纵向深入（刘志彪、张杰，2009），提升对外开放水平、深度融合制造业与服务业、抓牢"工业4.0"以重塑产业链（霍春辉、张兴瑞，2016）。

表 5-1 2000~2017 年我国制造业全球价值链地位指数

指标	2010 年	2011 年	2012 年	2013 年	2014 年	2015 年	2016 年	2017 年
GVC 地位指数	-0.0480	-0.038	-0.035	-0.0280	-0.009	0.007	0.011	0.005

资料来源：金钰莹等（2020）。

二 评价指标体系构建

（一）指标体系构建原则

对我国制造业产业链韧性水平进行评价，需要对制造业产业链韧性评价指标体系进行量化研究，以得到真实可信的评价研究结果。针对我国制造业产业链韧性评价这个具体问题，为了能够真实反映其韧性水平，所构建的评价指标体系在理论和实践中具有一定的价值，且遵循以下原则。

1. 系统性原则

系统性指的是所选取的评价指标应能比较全面系统地反映制造业产业链韧性的基本特征，涵盖其基本内容。制造业产业链韧性的内涵十分丰富，在对其评价时需全方面、多角度、多维度进行考虑。指标体系的层次逻辑应当清晰，包含各方面各种因素，避免出现指标体系设计的片面化。选取的评价指标应当协调整合成一个有机的整体，各个指标之间既相互联系又相互区别，以保证能对制造业产业链韧性进行全面有效的评价。

2. 科学性原则

科学性指的是选取指标的科学合理性，能较为准确地反映制造业产业链韧性的本质特征及内涵。一方面，科学性要求从指标选取到数据计算都要具有科学合理性。另一方面，强调客观性，选择合理的方法，降低主观臆断性。

3. 可比性原则

可比性是指构建评价指标体系时应立足当下实际，既能纵向测度我国制造业产业链韧性的发展水平，又能横向比较国家间制造业产业链韧性水平的差异，还能反映样本国家制造业产业链韧性随着时间而变化的动态发展过程。首先，选取的指标应具有一定的差异，能进行比较，具有可比性；其次，指标口径保持一致，尽量避免选择没有可比性的指标；最后，指标应具有阶段性和时代性，不同研究结论之间可进行比较。

4. 可操作性原则

可操作性是指制造业产业链韧性评价指标体系应当简洁明了、易于操作和理解。第一，应选择少量但代表性强的指标反映尽可能丰富的内容，避免计算过于复杂。第二，指标所需的数据来源应当稳定可靠、可获取且符合实际，保证数据能通过各种统计资料获取或者通过简单计算得到，便于数据的收集和分析。

（二）指标体系构建的总体框架

目前，常用的对韧性进行评价的框架一般有两种：一是单一指标，采用单个指标评价总体；二是构建指标体系进行综合评价，是用多个指标从各个方面对总体进行评价的方法。表 5-2 为两者的优点和不足之处。基于制造业产业链系统的开放复杂性特征，本章选择指标体系的综合评价法进行评估，使得研究结果更能全面科学地刻画制造业产业链韧性。

表 5-2　单一指标和指标体系的优点和不足之处

单一指标		指标体系	
优点	不足	优点	不足
逻辑清晰,便于理解,更为直白,可以很好地反映制造业产业链韧性的一些方面,并且能对其韧性水平进行比较	无法表现制造业产业链韧性的整体特征,缺乏整体性	能从多方面多层次反映制造业产业链韧性的整体特征,使得评价结果更加合理、全面及科学	指标体系烦琐复杂,各个指标之间的关系难以把握

（三）综合评价指标体系构建

借鉴 Martin（2012）对区域经济韧性的分析,本章认为制造业产业链韧性应从 4 个维度详细分析制造业在面对衰退或冲击时应如何应对：一是抵抗力,即面对干扰或者破坏时,经济体表现出的脆弱性或者敏感性；二是恢复力,即经济体受到干扰或破坏后恢复的速度和程度；三是适应力,即经济体对经济结构的调整程度及这种经济结构的调整反过来对经济体各个方面的影响；四是增长力,即经济体受到冲击或破坏前的增长路径的恢复程度。

1. 抵抗力

抵抗力是在制造业产业链遭遇冲击时在特定的时间节点上能充分有效地分配现有资源,是静态上的产业链韧性（侯俊东等,2013）。抵抗力在抵抗冲突危机时具有绝对的简单便捷、管理成本低廉等优势。Martin（2012）曾开创性地提出了衡量地区应对冲突时的抵抗能力的敏感指数指标,即采用一个地区的就业或者产出下降变化占整个经济体相应下降变化的比重表示,其表达式为：

$$\beta_{res} = \left(\frac{\Delta E_r}{E_r}\right) \Big/ \left(\frac{\Delta E_n}{E_n}\right) \qquad (5-1)$$

其中，E 代表地区就业水平，ΔE 代表地区就业百分比的变化，r 表示地区，n 为整体国家。若给定区域的指数 β_{res} 大于 1，则该区域对衰退冲突的抵抗力相对较强、敏感度相对较高；反之则抵抗力相对较弱、敏感度相对较低。

在 Martin（2012）提出地区对危机的抵抗力的测度方法后，Lagravinese（2015）修正了 Martin（2012）对地区抵抗力的测度方法，其修正表达式为：

$$\beta_{res} = \left[\left(\frac{\Delta E_r}{E_r}\right) - \left(\frac{\Delta E_n}{E_n}\right)\right] / \left(\frac{\Delta E_n}{E_n}\right) \qquad (5-2)$$

若给定地区的指数 β_{res} 大于 0，则表示该地区的抵抗力较强，若小于 0 则表示该地区的抵抗力较弱。

之后，Faggian 等（2018）进行了进一步的修正，其表达式为：

$$\beta_{res} = \left(\frac{E_{r,t}}{E_{r,t-1}}\right) / \left(\frac{E_{n,t}}{E_{n,t-1}}\right) \qquad (5-3)$$

其中，t 表示遭遇冲击时期，$t-1$ 为遭遇冲击前期。如果给定区域的指数 β_{res} 大于 1，则表示该区域应对危机的抵抗力强劲，反之则表明抵抗力较弱。

本章借鉴 Oliva 和 Lazzeretti（2018）的方法对抵抗力（dkl）进行测度，模型为：

$$\beta_{dkl} = \left(\frac{E_{r,t}}{E_{r,t-1}}\right) / \left(\frac{E_{n,t}}{E_{n,t-1}}\right) \qquad (5-4)$$

其中，E 表示产出水平，r 表示一国制造业，n 表示一国整体，t 为遭遇冲击时期，$t-1$ 为遭遇冲击前期。由于制造业产出数据存在缺失问题，故选择制造业增加值来代替制造业产出。

除了敏感指数，借鉴相关文献，本章认为制造业总体规模、国际市场占有率、产业结构、外贸依存度及产业集中度都是衡量制造业产业链抵抗力的指标（李菲、秦升，2007；陈曦等，2018；殷为华，2019；孙慧、原伟鹏，2020；朱金鹤、孙红雪，2021）。制造业总体规模用制造业增加值表示，代表一国（或者地区）在一定时期内专门从事制造业的工业企业的用货币表现的生产活动的总成果。制造业增加值越大表明制造业整体生产水平越高，对抵抗冲击起着基础性的防御作用。国际市场占有率用制造业出口额占全球制造业出口总额的比重来表示，衡量的是一国（或者地区）出口的产品在国际市场的占有率，反映该国（或者地区）在全球竞争下的比较优势。一国制造业产业结构越合理，对制造业整体的高质量发展发挥的作用越重要。外贸依存度用出口总额占国内生产总值的比重来表示。"两头在外，大进大出"的发展模式已不适合目前我国制造业的发展，在全球形势紧张的背景下，外贸依存度越低则越能弱化外来冲击给我国制造业产业链带来的不利影响。由于制造业总产值的数据缺乏，故使用制造业增加值替代。产业集中度用制造业增加值占世界制造业增加值的比重表示，产业集中度越高，在面对突发危机时的脆弱性也就越大，因此选择产业集中度作为衡量制造业产业链抵抗力的负向指标（朱金鹤、孙红雪，2021）。

2. **恢复力**

恢复力是制造业产业链在遭遇危机后不断自我修复的能力，表现为动态上的产业链韧性（侯俊东等，2013）。相比于抵抗力，恢复力则需要更高的管理成本且更为复杂。一国制造业在遭遇冲击危机后，不仅要以抵抗力来维持自身的稳定性，还需要进行恢复，恢复力是制造业产业链韧性的关键能力，恢复的速度和程度是衡量恢复力的重要指标。Martin（2012）在提出测度地区抵抗力的方法时，也提出了采用遭遇危机地区就业情况的变化来测度地区恢复力。后经 Oliva 和 Lazzeretti（2018）的进一步修正，其测度方法为：

$$\beta_{hfl} = (E_{r,t} - E_{r,t-1})/E_{r,t-1} \qquad (5-5)$$

其中，E 表示产出水平，r 表示一国制造业，t 为遭遇冲击时期，$t-1$ 为遭遇冲击前期。如果该地区 β_{hfl} 为正表示恢复能力较好，若 β_{hfl} 为负则表示恢复能力较差。这里需要使用到的制造业产出数据相应地调整为制造业增加值数据。

参照邹薇（1999）、范纯增和姜虹（2002）的做法，使用 SITC 一位数 9 类（不包括第 9 类未分类商品）产品的出口总额反映产业多样性。制造业产业越多样化越可以强化制造业自身的竞争优势，即使受到冲击，其恢复的速度和程度都具有优势（肖翠仙，2021）。外商直接投资额衡量的是对外开放、吸引外商投资的程度如何，因此也作为衡量制造业产业链恢复力的指标之一（孙慧、原伟鹏，2020）。

3. 适应力

制造业产业链在遭遇冲突危机时及时进行抵抗并且恢复，但危机后的环境与危机前的环境不同，为了在新环境中生存并继续发展，就必须对自身的结构进行调整以适应新环境。在全球竞争环境下，每个经济体都或多或少地参与了全球经济，在全球价值链上扮演着自己的角色。因此，本章以全球价值链为基础，测度我国制造业在全球价值链上适应新环境的能力程度，并且与其他目标国家进行比较。参考相关文献的做法，本章测算适应力时选择固定资本形成总额、劳动力、劳动生产效率、全球价值链长度指数 4 个指标（马风涛，2019；殷为华，2019；程翔等，2020；朱金鹤、孙红雪，2021；蔡乌赶、许凤茹，2021；蔡咏梅等，2022）。

固定资本形成总额衡量的是制造业产业链的固定资本；劳动力指标本应使用制造业就业人员数据，但囿于数据的可获得性，采用工业就业人员代替，因此，劳动力指标用工业就业人员占总就业人员的比重表示；劳动生产效率（每小时国内生产总值）衡量的是制造业产业链的人力资本。

全球价值链长度指数本质上表明了一国的某个产业生产的产品中包含的增加值被他国吸收到相应的生产部门生产最终产品经历的平均生产阶段（马风涛，2019）。Fally 和 Hillberry（2013）提出了测度全球价值链长度指数的方法，但此方法只对一类产品的全球价值链长度指数进行了计算，没有将增加值纳入计算。Wang 等（2017a）则对产品增加值进行分解，并且 Wang 等（2017b）进一步推导出基于增加值分解的全球价值链生产长度的测算公式，为本章系统测算各国制造业的全球价值链长度指数提供了可行的方法。本章借鉴 Wang 等（2017b）的研究，所计算的全球价值链长度指数为一国某产业增加值的长度，即该产业所生产产品包含的国内增加值被用于其他部门生产最终产品的平均被记作产出的次数。因而，可以将全球价值链长度指数定义为：总产出（将每个生产阶段的增加值生产长度记为权数，加总所有生产阶段的产出，得到的由增加值引发的总产出）比引发该总产出的增加值，衡量增加值被记为产出的平均生产次数。如果一国某行业的全球价值链长度指数越大，则表明该国该产业在全球价值链中能获得越多的价值增值，反之则获得越少的价值增值。

4. 增长力

一国制造业产业链遭受冲击后需要重建发展，而恢复危机前的增长路径的程度或者更新增长路径都是危机冲突发生后必须面临的过程。一国制造业的增长能力是衡量制造业产业链韧性的重要指标。参考相关文献的做法，本章测算一国制造业产业链的增长力时采用研发投入强度、每百万人中研究人员数量、每百人中固定宽带用户、使用互联网的个人比例、碳排放强度、显示性优势指数和全球价值链分工地位指数 7 个指标进行衡量（李菲、秦升，2007；Koopman et al.，2010；殷为华，2019；王传刚，2020；孙慧、原伟鹏，2020；魏婕等，2021；边伟军等，2022）。

科技创新是促进制造业快速增长的核心力量，因此本章选择研发投入强度和每百万人中研究人员数量作为科技创新类指标来衡量制造业产业链的科技创新力量，其中研发投入强度用研发支出占国内生产总值的比重表示。数字技术驱动制造业更快更好地发展，本章选用每百人中固定宽带用户、使用互联网的个人比例作为数字技术赋能制造业产业链驱动的测度指标，衡量数字技术在制造业产业链韧性发展中的驱动作用。绿色发展是制造业可持续高质量发展的核心，因此选用碳排放强度即二氧化碳人均排放量来衡量制造业生产对环境保护的程度。

显示性优势指数（RCA）表示一行业出口占其国家总出口的比重与这一行业出口占全世界总出口比重的比值，用 RCA 指数来衡量一个国家或经济体某一行业的出口是否具备优势，其计算方法为：

$$\text{RCA} = (E_j/E_t)/(W_j/W_t) \qquad (5-6)$$

其中，E_j 表示一国 j 产业的出口总额，E_t 表示一国的出口总额，W_j 表示世界 j 产业的出口额，W_t 表示世界的出口总额。参照黄智（2021）的研究，当 RCA 大于等于 2.5 时，表明该国该行业的国际竞争力非常强；若 RCA 处于 1.25~2.5，则表明该国该行业国际竞争力较强；若 RCA 处于 0.8~1.25，则该国该行业国际竞争力一般；若 RCA 小于 0.8，说明该国该行业国际竞争力弱。根据数据计算结果，本章将 RCA 指数作为正向指数来衡量我国制造业产业链的国际竞争力。

为了衡量一个国家在全球价值链上所处的具体分工地位，Koopman 等（2010）提出全球价值链分工地位指数模型，采用某个经济体的一产业当中所使用的他国出口的中间品中的国内增加值的对数减去该产业用于出口产品中使用进口中间品包含的国外增加值的对数值进行测算，即全球价值链分工地位指数（$GVC_{Position}$）。该指标主要反映了一国某产业在全球价值链上的位置，该指标值越大表明

一国该产业所处的位置越靠前,处于上游位置,反之则说明所处的位置越靠后,处于下游位置。其表达式为:

$$GVC_{Position} = \ln\left(1 + \frac{DVA}{E}\right) - \ln\left(1 + \frac{FVA}{E}\right) \quad (5-7)$$

其中,DVA 表示出口的被国外吸收的国内增加值数额、最终产品出口中包含的国内增加值数额、进口国直接吸收的中间产品出口中的国内增加值数额、直接进口国转出口至第三方国的中间产品出口中的国内增加值数额,FVA 表示生产本国产品出口包含的国外增加值数额、出口最终产品包含的国外增加值数额、出口中间产品包含的国外增加值数额,E 为总出口。

根据上文分析,本章拟采用的制造业产业链韧性评价指标体系如表 5-3 所示。

表 5-3 全球价值链视角下制造业产业链韧性指标体系

目标层	准则层	指标层	指标解释	单位	指标来源
制造业产业链韧性水平	抵抗力	敏感指数	产出下降变化占整个经济体相应下降变化的比重	%	Martin(2012)、曾冰(2021)
		总体规模	制造业增加值	美元	李菲和秦升(2007)
		国际市场占有率	制造业出口额占全球制造业出口总额的比重	%	李菲和秦升(2007)
		产业结构	制造业增加值占比	%	孙慧和原伟鹏(2020)
		外贸依存度	出口总额占国内生产总值的比重	%	朱金鹤和孙红雪(2021)、蔡咏梅等(2022)
		产业集中度	制造业增加值占世界制造业增加值的比重	%	朱金鹤和孙红雪(2021)、孙慧和原伟鹏(2020)、陈曦等(2018)

续表

目标层	准则层	指标层	指标解释	单位	指标来源
制造业产业链韧性水平	恢复力	产出变化占整体产出的比重	产出变化占整体产出的比重	%	Martin（2012）、曾冰（2021）
		产业多样性	出口额	美元	肖翠仙（2021）
		外商直接投资额	外商直接投资额	百万美元	孙慧和原伟鹏（2020）
	适应力	固定资本形成总额	固定资本形成总额	百万美元	程翔等（2020）、蔡咏梅等（2022）、殷为华（2019）
		劳动力	工业就业人员占总就业人员的比重	%	殷为华（2019）、蔡乌赶和许凤茹（2021）
		劳动生产效率	每小时国内生产总值	美元	朱金鹤和孙红雪（2021）、蔡咏梅等（2022）
		全球价值链长度指数	该产业所生产产品包含的国内增加值被用于其他部门生产最终产品的平均被记作产出的次数	—	马风涛（2019）
	增长力	创新能力	研发投入强度（研发支出占国内生产总值的比重）	%	殷为华（2019）、魏婕等（2021）
			每百万人中研究人员数量	人	殷为华（2019）、孙慧和原伟鹏（2020）
		驱动能力	每百人中固定宽带用户	人	边伟军等（2022）
			使用互联网的个人比例	%	边伟军等（2022）
		碳排放强度	二氧化碳人均排放量	吨	魏婕等（2021）
		显示性优势指数	一行业出口占其国家总出口的比重与这一行业出口占全世界总出口比重的比值	—	李菲和秦升（2007）
		全球价值链分工地位指数	某个经济体的一产业当中所使用的他国出口的中间品中的国内增加值的对数减去该产业用于出口产品中使用进口中间品包含的国外增加值的对数值	—	Koopman等（2010）、王传刚（2020）

第二节 模型与方法

一 投入产出模型

为了描述各国家（或地区）各个部门之间的经济联系，按照投入和产出的方向把国民经济的各个部门编制成表格，这就是投入产出表。投入产出表是将各个部门之间投入和产出的复杂生产网络进行简单化，从而使用简单化的投入产出表分析复杂的投入与产出数量关系。投入产出表分为一国投入产出表和国家间投入产出表。一国投入产出表又分为竞争型投入产出表和非竞争型投入产出表。竞争型投入产出表和非竞争型投入产出表分别如表 5-4、表 5-5 所示。

表 5-4 竞争型投入产出表

投入产出		中间使用				最终使用	总产出
		部门 a	部门 b	…	部门 n		
中间投入	部门 a	X_{aa}	X_{ab}	…	X_{an}	F_a	Y_a
	部门 b	X_{ba}	X_{bb}	…	X_{bn}	F_b	Y_b
	…	…	…	…	…	…	…
	部门 n	X_{na}	X_{nb}	…	X_{nn}	F_n	Y_n
最初投入	固定资产折旧	D_a	D_b	…	D_n		
	劳动者报酬	W_a	W_b	…	W_n		—
	…						
	生产税净额和营业盈余	M_a	M_b	…	M_n		
	总投入	Y_a	Y_b	…	Y_n		

注：表中最终使用包含最终消费、资本形成总额及出口。

其中，最终使用列向量用 F 表示，总产出列向量用 Y 表示，直接消耗系数矩阵为 $A = [X_{ij}/Y_j]$，是 $n \times n$ 矩阵；$B = (1-A)^{-1}$ 为完全消耗系数矩阵（里昂惕夫逆矩阵），是一国新增加一单位最终需求时需投入的产品数量。

表 5-5 非竞争型投入产出表

投入产出		中间使用		最终使用	总产出
		国内生产 1, 2,…,n 部门	中间使用合计		
中间投入	国内中间投入 1, 2,…,n 部门	X_{ij}^D			Y
	进口中间投入 1, 2,…,n 部门	X_{ij}^M			
	中间投入合计				
最初投入	固定资产折旧				
	劳动者报酬				
	生产税净额和营业盈余				
	最初投入合计(增加值合计) 1,2,…,n 部门	V			
总投入		Y			

注：最终使用包含最终消费、资本形成总额、出口、其他及最终使用合计。D 表示国内产品，M 表示进口品，j 部门生产中进口的 i 部门产品的中间投入为 X_{ij}^M，j 部门生产我国 i 部门产品的中间投入为 X_{ij}^D。

国家间投入产出表（Inter-Country Input-Output，ICIO）能对全球价值链中各个国家（或者地区）之间的贸易、中间产品和最终产品的生产环节和价值增值过程进行详细分解，全球生产网络分解和增加值测算一般采用 ICIO 模型。假设一共有 G 个国家（或者地区），每个国家（或者地区）都存在 N 个产业部门，这样就能利用 ICIO 模型对其生产过程和贸易增加值进行分解。国家间投入产出表详细记录了 G 个国家（或者地区）N 个生产部门的产品在本国（或者地区）和他国（或者其他地区）的中间和最终产品的投入产出情况。表 5-6 反映的是 s 国（或者地区）生产的产品被 r 国（或者地区）所使用的中间投入品，表示为 Z^{sr} 的一个 N×N 矩阵；Y^{sr} 表示 s 国生产的最终产品被 r 国所使用的份额，为 N×1 矩阵；s 国（或者地区）的总产出用 X^s 表示，是一个 N×1 矩阵；V^s 表示 s 国（或者地区）的直接增加值收入，为 1×N 矩阵；$A^{sr}=Z^{sr}/X^{r}$ 为 r 国（或者地区）对 s 国（或者地区）的 N×N 的直接消耗系数矩阵；E^{s} 是 s 国（或者地区）的出口额。

表 5-6　国家间投入产出表

产出投入		中间使用				最终使用				总产出
		A 国	B 国	⋯	R 国	A 国	B 国	⋯	R 国	
		1,⋯,N	1,⋯,N		1,⋯,N					
中间投入	A 国 1,⋯,N	Z^{AA}	Z^{AB}	⋯	Z^{AR}	Y^{AA}	Y^{AB}	⋯	Y^{AR}	X^{A}
	B 国 1,⋯,N	Z^{BA}	Z^{BB}	⋯	Z^{BR}	Y^{BA}	Y^{BB}	⋯	Y^{BR}	X^{B}
	⋯	⋯	⋯	⋯	⋯	⋯	⋯	⋯	⋯	⋯
	R 国 1,⋯,N	Z^{RA}	Z^{RB}	⋯	Z^{RR}	Y^{RA}	Y^{RB}	⋯	Y^{RR}	X^{R}
增加值		V^{A}	V^{B}		V^{R}					
总投入		X^{A}	X^{B}	⋯	X^{R}					

由于 ICIO 表是平衡的，所以可以计算出口贸易中相应的国内增加值。本节参考 Wang 等（2013）的做法把一国出口总额根据出口产品的最终吸收方式和吸收地的不同分解为 16 个部分，对中间和最终产品贸易进行彻底的分解。分解公式为：

$$E^{s^{*}} = [V^{s}B^{ss}\#\sum_{r\neq s}^{G}Y^{sr} + V^{s}L^{ss}\#\sum_{r\neq s}^{G}A^{sr}B^{rr}Y^{rr} + (V^{s}L^{ss}\#\sum_{r\neq s}^{G}A^{sr}\times \sum_{t\neq s,r}^{G}B^{rt}Y^{tt} + V^{s}L^{ss}\#\sum_{r\neq s}^{G}A^{sr}B^{rr}\sum_{t\neq s,r}^{G}Y^{rt} + V^{s}L^{ss}\#\sum_{r\neq s}^{G}A^{sr}\sum_{t\neq s}^{G}\sum_{u\neq s t}^{G}B^{rt}Y^{tu})] + (V^{s}L^{ss}\#\sum_{r\neq s}^{G}A^{sr}B^{rr}Y^{rs} + V^{s}L^{ss}\#\sum_{r\neq s}^{G}A^{sr}\sum_{t\neq s,r}^{G}B^{rt}Y^{ts} + V^{s}L^{ss}\#\sum_{r\neq s}^{G}A^{sr}B^{rs}Y^{ss}) + [(\sum_{r\neq s}^{G}V^{t}B^{rs}\#Y^{sr} + \sum_{r\neq s}^{G}\sum_{t\neq s,r}^{G}V^{t}B^{ts}\#Y^{sr}) + (\sum_{r\neq s}^{G}V^{t}B^{rs}\#A^{sr}L^{rr}Y^{rr} + \sum_{r\neq s}^{G}\sum_{t\neq s,r}^{G}V^{t}B^{ts}\#A^{sr}L^{rr}Y^{rr})] + \{[V^{s}L^{ss}\#\sum_{r\neq s}^{G}A^{sr}\times \sum_{t\neq s}^{G}B^{rs}Y^{st}(V^{s}B^{ss} - V^{s}L^{ss})\#\sum_{r\neq s}^{G}A^{sr}X^{r}] + (\sum_{r\neq s}^{G}V^{t}B^{rs}\#A^{sr}L^{rr}E^{r^{*}} + \sum_{r\neq s}^{G}\sum_{t\neq s,r}^{G}V^{t}B^{ts}\#A^{sr}L^{rr}E^{r^{*}})\} = \{DVA\} + \{RDV\} + \{FVA\} + \{PDC\}$$

(5-8)

其中，#表示数组元素依次相乘运算。参照 Wang 等（2013）一文中的公式，本章基于分解式及研究目的，对一国（或者地区）的出口贸易总额分解的 16 个部分进行归纳合并，结果见表 5-7。

表 5-7　一国总出口合并结果及其指标含义

指标		含义
DVA	DVA	出口的被国外吸收的国内增加值数额
	DVA_FIN	最终产品出口中包含的国内增加值数额
	DVA_INT	进口国直接吸收的中间产品出口包含的国内增加值数额
	DVA_INT_{rex}	直接进口国转出口至第三方国的中间产品出口中包含的国内增加值数额
RDV	RDV	返回到本国并最终被本国吸收的产品包含的国内增加值数额
FVA	FVA	生产本国产品出口包含的国外增加值数额
	FVA_FIN	出口最终产品包含的国外增加值数额
	FVA_INT	出口中间产品包含的国外增加值数额
PDC	PDC	中间产品多次跨国（或跨地区）贸易而纯粹重复计算部分
	DDC	国内账户纯粹重复计算部分
	FDC	国外账户纯粹重复计算部分

二　指标权重确定

目前常用的综合评价方法主要有主成分分析法、熵权法、层次分析法、TOPSIS 法和组合赋权法。本章为了更为客观地呈现制造业产业链韧性水平，考虑可得数据特征及综合评价方法的适用性，故选用熵权法进行客观赋权。其计算步骤为：数据标准化→计算指标熵值→计算各指标的差异系数→计算指标权重→计算综合评价得分。

（一）数据标准化

各指标的数量级和量纲的差异可能会使数据没有可比性，并且正向指标值（正向指标的数值越大代表越好）、负向指标值（负向指标的数值越小代表越好）及适度指标值（临界值）的含义并不相同，故对指标观测数据进行标准化处理，将指标同质化以及指标的绝对值数值转化为相对值数值。假设 X_{tij} 为 t 年第 i 个国家（或者地区）第 j 个指标的原始数值；Z_{tij} 为相对应的标准化值；$X_{j\max}$ 为第 j 个指标的最大值，$X_{j\min}$ 为最小值，X_{js} 表示第 j 个指标的临界阈值。本章选取年份 $T=7$、国家（或者地区）$N=39$ 和指标 $M=20$。数据标准化处理方法如下。

正向指标的标准化计算公式为：

$$Z_{tij} = (X_{tij} - X_{j\min})/(X_{j\max} - X_{j\min}) \qquad (5-9)$$

负向指标的标准化计算公式为：

$$Z_{tij} = (X_{j\max} - X_{tij})/(X_{j\max} - X_{j\min}) \qquad (5-10)$$

适度指标的标准化计算公式为：

$$Z_{tij} = |X_{js} - X_{tij}|/(X_{j\max} - X_{j\min}) \qquad (5-11)$$

指标的归一化计算公式为：

$$P_{tij} = Z_{tij}/\sum_{t=1}^{T}\sum_{i=1}^{N} Z_{tij} \qquad (5-12)$$

（二）计算指标熵值

第 j 个指标的熵值计算公式为：

$$E_j = -\frac{1}{\ln(T \times N)}\sum_{t=1}^{T}\sum_{i=1}^{N} P_{tij}\ln P_{tij} \qquad (5-13)$$

其中，若 $P_{tij} = 0$，则 $P_{tij}\ln P_{tij} = 0$。

（三）计算各指标的差异系数

第 j 个指标的差异系数计算公式为：

$$G_j = 1 - E_j \qquad (5-14)$$

（四）计算指标权重

各指标权重的计算公式为：

$$W_j^1 = \frac{G_j}{\sum G_j} \quad (5-15)$$

（五）计算综合评价得分

根据以上熵权法计算得出综合评价指标体系中各指标权重，结果如表 5-8 所示。

表 5-8　各指标权重

目标层	准则层	指标层	指标解释	指标属性	权重
制造业产业链韧性水平	抵抗力	敏感指数	产出下降变化占整个经济体相应下降变化的比重	临界阈值	0.061
		总体规模	制造业增加值	+	0.150
		国际市场占有率	制造业出口额占全球制造业出口总额的比重	+	0.085
		产业结构	制造业增加值占比	+	0.026
		外贸依存度	出口总额占国内生产总值的比重	-	0.014
		产业集中度	制造业增加值占世界制造业增加值的比重	-	0.005
	恢复力	产出变化占整体产出的比重	产出变化占整体产出的比重	临界阈值	0.035
		产业多样性	出口额	+	0.082
		外商直接投资额	外商直接投资额	+	0.109
	适应力	固定资本形成总额	固定资本形成总额	+	0.155
		劳动力	工业就业人员占总就业人员的比重	+	0.018
		劳动生产效率	每小时国内生产总值	+	0.021

续表

目标层	准则层	指标层	指标解释	指标属性	权重
制造业产业链韧性水平	适应力	全球价值链长度指数	该产业所生产产品包含的国内增加值被用于其他部门生产最终产品的平均被记作产出的次数	+	0.070
	增长力	创新能力	研发投入强度（研发支出占国内生产总值的比重）	+	0.075
			每百万人中研究人员数量	+	0.025
		驱动能力	每百人中固定宽带用户	+	0.014
			使用互联网的个人比例	+	0.011
		碳排放强度	二氧化碳人均排放量	−	0.024
		显示性优势指数	一行业出口占其国家总出口的比重与这一行业出口占全世界总出口比重的比值	+	0.013
		全球价值链分工地位指数	某个经济体的一产业当中所使用的他国出口的中间品中的国内增加值的对数减去该产业用于出口产品中使用进口中间品包含的国外增加值的对数值	+	0.007

三 制造业产业链韧性水平的综合评价

数据标准化处理时将适度指标进行标准化处理，将负向指标进行正向标准化处理，因此制造业产业链韧性评价指标的抵抗力、恢复力、适应力和增长力均是正向指标。四个维度韧性水平为：

$$I_{tij}^{l} = \sum W_j P_{tij} \qquad (5-16)$$

式中，l 分别取值 1、2、3、4，分别对应抵抗力、恢复力、适应力和增长力四个维度。综合制造业产业链韧性水平 RE 的计算公式为：

$$RE = I^1 + I^2 + I^3 + I^4 \qquad (5-17)$$

第三节 数据来源与处理

一 数据来源

近年来，世界贸易组织（WTO）、欧盟及 OECD 等国际组织和部分学术机构对国家间的投入产出表进行了编制。目前，国际上主要的多国投入产出数据库分别为 WTO 编制的世界投入产出表（EORA）、日本经济研究所关于亚洲国家的投入产出表（AIIOT）、美国普渡大学编制的 GTAP 数据库、欧盟的世界投入产出表（WIOD）及 OECD 与 WTO 联合编制的国家间投入产出表（ICIO）。由于这五大数据库中只有 OECD 与 WTO 联合编制的国家间投入产出表数据更新到了 2018 年，本章所使用的投入产出数据主要来源于 OECD 与 WTO 联合编制的国家间投入产出表（ICIO）。OECD 与 WTO 联合编制的 ICIO 所涵盖的经济体多达 61 个，涉及 34 个部门，其中制造业部门有 16 个，后增加到了 64 个经济体，中国和墨西哥由于广泛存在的加工贸易从而区分为国内使用产品、加工和非加工贸易出口产品。

本章所使用的指标数据主要来源于 OECD 和 WTO 联合编制的国家间投入产出表、世界银行、联合国商品贸易统计数据库、OECD 与 WTO 的 TIVA 数据库、Our World in Data 数据库、对外经贸大学的 UIBE GVC Indicators、UN Data 数据库、UNESCO Institute for Statistics（联合国教科文组织统计研究所数据库）、历年国际统计年鉴。其中，UIBE GVC Indicators 是对外经贸大学开发编制的有关全球价值链的测算指数及用于国际贸易的增加值贸易核算的公益免费的数据库，是在世界投入产出表的基础上进行加工计算派生的数据库，本章选择 UIBE GVC Indicators 数据库的数据对本章的目标国家的全球价值链长度指数、分工地位指数及显示性优势指数进行测算。最新的国家间投入产出表更新到了 2018 年，考虑到制造业相关指标的数据可获得性，本章选取 2012~2018 年数据进行研究。考虑到数据可获得性，本章所使用的中国数据均不包括港澳台数据。为分析我国制造业产业链韧性水平，本章选择 OECD 国家以及金砖国家作为样本，其中，考虑到数据的可获得性，删除部分数据不全的 OECD 国家：拉脱维亚（2016 年加入）、立陶宛（2018 年加入）、哥伦比亚（2020 年加入）、哥斯达黎加（2021 年加入）。经筛除后的样本国家共计 39 个：美国、英国、法国、德国、意大利、加拿大、爱尔兰、荷兰、比利时、卢森堡、奥地利、瑞士、挪威、冰岛、丹麦、瑞典、西班牙、葡萄牙、希腊、土耳其、日本、芬兰、澳大利亚、新西兰、墨西哥、捷克、匈牙利、波兰、韩国、斯洛伐克、智利、斯洛文尼亚、爱沙尼亚、以色列、巴西、俄罗斯、印度、中国、南非。

二 数据处理

本章的评价指标数据较多，有些国家的部分指标数据无法获得。不同的情况下指标缺失值的补充方法不尽相同。如果某个国家某个指标其中一年的数据缺失，则利用前后年份的平均值进行补充；如果某个国家某个年份某个指标数据缺失，则选择其余年份的平均值进行补充。对指标数据缺失值进行补充后，为了确保数据的可比性及准确性，还需要对全部指标数据进行归一化及无量纲化处理。

第四节 结果与讨论

本章对 39 个样本国家 2012~2018 年制造业产业链韧性水平及其四个维度进行评价分析，采用客观评价法（熵权法）计算各个指标的权重，结果如表5-8所示。从四个维度的权重来看，抵抗力维度权重为0.341，恢复力维度权重为0.226，适应力维度权重为0.264，增长力维度权重为0.169。由此可见，抵抗力和适应力在制造业产业链韧性水平评价中占据较大权重，提升制造业产业链韧性须重视制造业产业链对危机的抵抗力以及适应力。

一 制造业产业链韧性指数总体分析

根据构建的制造业产业链韧性的评价指标体系并结合源数据进行测算，各国制造业产业链韧性指数如表5-9所示。经过标准化、归一化处理后的所有指标的值都处于0~1，越接近1表明该国制造业产业链韧性越强。从表5-9可以看出，按照各国2012~2018年制造业产业链韧性的均值进行排名，我国制造业产业链韧性指数均值为0.1646，排在第1位，排在第2位的是美国（0.1116），排在第3位的是德国（0.0502），排在第4位的是日本（0.0466），而希腊则排在最末位，其韧性指数为0.0068。我国是全球唯一拥有联合国产业目录中所有工业门类的国家，并且是全球性的制造业大国，近年来，我国制造业的发展规模继续扩大，发展势头强劲，因此，总体上我国制造业产业链具有牢固的基础支撑。我国是制造业生产大国、出口大国，在全球产业链中我国制造业的影响力和控制力不断增强，但这也使得欧美发达经济体提出制造业回流和"再工业化"等措施，以增强本国制造业产业链韧性。中国、美国制造业产业链韧性指数在2012~2018年均居前两位，从图5-2可以看出，我国制造业产业链韧性指数在2012~2015年均呈上升趋势，2016年有所下降，2018年又恢复上升趋势；美国制造业产业链韧性指数在2012~2016年呈上升趋势，从2017年开始便一直呈下降趋势。德国则在2012~2018年均居第3位。排在前10位的国家中，中、美、德、日、韩的排名是比较稳定且靠前的，而印度、墨西哥、法国、英国、俄罗斯的排名则没有那么稳定，

2015年爱尔兰的排名超过韩国进入前5位，其制造业韧性指数为0.0431，其他年份排名则非常不稳定。排在前10位的国家中，中国、美国、印度这3个国家制造业产业链韧性指数在波动中呈上升趋势，而韩国、英国、法国、德国、日本、墨西哥、俄罗斯这7个国家的制造业产业链韧性指数则是在波动中呈下降趋势。但总体上看，排在前10位的国家制造业产业链韧性指数的波动幅度都比较小，制造业产业链韧性是一个经济体制造业长期发展从而形成的应对内外部冲击的能力，不是一朝一夕形成的，因此，总体上其韧性指数变化幅度不会很大，相对比较平稳。

表5-9 2012~2018年各国制造业产业链韧性指数

国家	2012年	2013年	2014年	2015年	2016年	2017年	2018年	平均值	排名
中国	0.1543	0.1626	0.1657	0.1699	0.1664	0.1650	0.1686	0.1646	1
美国	0.1056	0.1073	0.1105	0.1146	0.1169	0.1156	0.1106	0.1116	2
英国	0.0280	0.0294	0.0301	0.0297	0.0286	0.0273	0.0271	0.0286	7
法国	0.0290	0.0297	0.0271	0.0271	0.0266	0.0272	0.0255	0.0275	9
德国	0.0512	0.0520	0.0513	0.0489	0.0509	0.0501	0.0471	0.0502	3
意大利	0.0260	0.0246	0.0233	0.0232	0.0251	0.0232	0.0224	0.0240	11
加拿大	0.0249	0.0250	0.0237	0.0227	0.0216	0.0214	0.0209	0.0229	13
爱尔兰	0.0164	0.0153	0.0157	0.0431	0.0199	0.0175	0.0212	0.0213	15
荷兰	0.0216	0.0255	0.0233	0.0241	0.0241	0.0247	0.0222	0.0236	12
比利时	0.0157	0.0194	0.0176	0.0174	0.0169	0.0174	0.0152	0.0171	20
卢森堡	0.0088	0.0095	0.0087	0.0105	0.0125	0.0199	0.0080	0.0111	32
奥地利	0.0159	0.0168	0.0155	0.0151	0.0170	0.0158	0.0119	0.0154	23
瑞士	0.0243	0.0235	0.0203	0.0226	0.0234	0.0210	0.0189	0.0220	14
挪威	0.0147	0.0145	0.0146	0.0141	0.0159	0.0134	0.0141	0.0145	25
冰岛	0.0187	0.0112	0.0128	0.0119	0.0156	0.0127	0.0077	0.0129	29
丹麦	0.0139	0.0138	0.0132	0.0129	0.0171	0.0131	0.0108	0.0135	27
瑞典	0.0195	0.0199	0.0164	0.0166	0.0169	0.0159	0.0119	0.0167	21
西班牙	0.0210	0.0193	0.0187	0.0184	0.0180	0.0186	0.0191	0.0190	18
葡萄牙	0.0104	0.0094	0.0096	0.0096	0.0095	0.0107	0.0087	0.0097	37
希腊	0.0076	0.0065	0.0057	0.0088	0.0071	0.0067	0.0054	0.0068	39

续表

国家	2012年	2013年	2014年	2015年	2016年	2017年	2018年	平均值	排名
土耳其	0.0141	0.0191	0.0166	0.0194	0.0147	0.0190	0.0204	0.0176	19
日本	0.0500	0.0488	0.0509	0.0464	0.0473	0.0433	0.0394	0.0466	4
芬兰	0.0228	0.0151	0.0128	0.0128	0.0125	0.0162	0.0132	0.0151	24
澳大利亚	0.0214	0.0212	0.0206	0.0172	0.0205	0.0197	0.0151	0.0194	17
新西兰	0.0152	0.0107	0.0144	0.0090	0.0139	0.0110	0.0074	0.0116	30
墨西哥	0.0296	0.0282	0.0285	0.0288	0.0288	0.0287	0.0276	0.0286	8
捷克	0.0127	0.0133	0.0163	0.0117	0.0124	0.0131	0.0148	0.0135	28
匈牙利	0.0111	0.0106	0.0130	0.0100	0.0095	0.0115	0.0111	0.0110	33
波兰	0.0134	0.0168	0.0195	0.0151	0.0150	0.0179	0.0145	0.0160	22
韩国	0.0335	0.0325	0.0337	0.0341	0.0350	0.0358	0.0330	0.0340	5
斯洛伐克	0.0093	0.0112	0.0160	0.0096	0.0116	0.0105	0.0127	0.0116	31
智利	0.0096	0.0099	0.0100	0.0092	0.0120	0.0121	0.0126	0.0108	34
斯洛文尼亚	0.0111	0.0115	0.0115	0.0104	0.0103	0.0114	0.0087	0.0107	35
爱沙尼亚	0.0113	0.0094	0.0101	0.0091	0.0075	0.0096	0.0085	0.0093	38
以色列	0.0140	0.0148	0.0161	0.0136	0.0147	0.0152	0.0086	0.0138	26
巴西	0.0257	0.0238	0.0198	0.0196	0.0187	0.0187	0.0166	0.0204	16
俄罗斯	0.0268	0.0265	0.0272	0.0244	0.0250	0.0273	0.0236	0.0258	10
印度	0.0301	0.0294	0.0297	0.0294	0.0309	0.0311	0.0318	0.0303	6
南非	0.0107	0.0122	0.0094	0.0091	0.0099	0.0107	0.0085	0.0101	36

资料来源：根据本章指标体系以及综合测度数据分析得出。

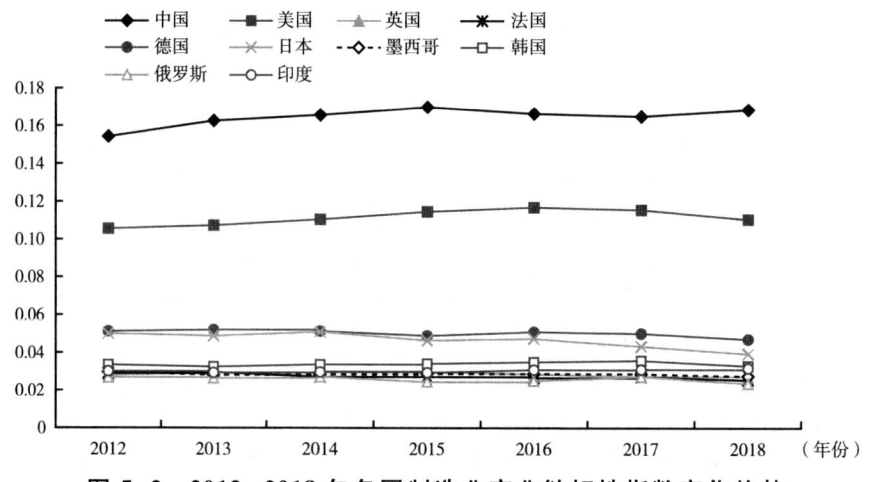

图 5-2 2012~2018年各国制造业产业链韧性指数变化趋势

资料来源：根据本章指标体系以及综合测度数据分析得出。

二 抵抗力维度

抵抗力维度的测度结果如表 5-10 所示，总体上我国制造业产业链在突发危机时的抵抗力指数在样本国家中居前列，2012~2015 年呈上升趋势，2015~2017 年则呈现下降趋势，2018 年恢复上升，总体上在波动中呈现上升的趋势，这说明我国制造业产业链在面对突发冲突及危机时的抵抗能力越来越强。2014 年，我国制造业产业链抵抗力指数几乎没有上升，而日本上升较大，这与当年大宗商品价格的集体下跌、日本推行的超大规模的量化宽松政策紧密相关，我国制造业增加值、制造业增加值占比等都出现了不同程度的下降，而日本在宽松的货币政策下，为本来低迷的经济及时注入了一针"强心剂"。日本制造业产业链的抵抗力指数在 2014 年"昙花一现"的快速增长后又呈现持续降低的趋势。2012~2018 年，从抵抗力维度观察，我国制造业产业链韧性在样本国家中均居首位，美国居第 2 位，日本、德国、韩国基本占据第 3~5 位。从图 5-3 可以看出，中国和美国的制造业产业链抵抗力指数大幅领先其他国家。我国制造业产业链抵抗力指数在 2012~2015 年呈持续上升趋势，2015~2017 年有所下降，2018 年又快速恢复，虽有小的波动，但整体上升速度较快，从 2012 年的 0.0567 上升至 2018 年的 0.0678；而美国制造业产业链抵抗力指数在 2012~2014 年总体呈下降趋势，2014~2016 年缓慢上升，之后快速下降，总体从 2012 年的 0.0407 降至 2018 年的 0.0399。排在前 10 位的国家中，中国、爱尔兰、韩国、俄罗斯、印度的制造业产业链抵抗力指数在波动中呈上升趋势，而美国、法国、德国、意大利、日本这 5 个国家则在波动中呈下降趋势。

表 5-10　2012~2018 年各国制造业产业链抵抗力指数

国家	2012 年	2013 年	2014 年	2015 年	2016 年	2017 年	2018 年	平均值	排名
中国	0.0567	0.0620	0.0624	0.0671	0.0650	0.0648	0.0678	0.0637	1
美国	0.0407	0.0393	0.0394	0.0419	0.0426	0.0403	0.0399	0.0406	2
英国	0.0075	0.0087	0.0086	0.0091	0.0073	0.0071	0.0077	0.0080	11
法国	0.0090	0.0098	0.0085	0.0081	0.0085	0.0086	0.0088	0.0088	9
德国	0.0223	0.0233	0.0228	0.0207	0.0223	0.0218	0.0221	0.0222	4
意大利	0.0100	0.0099	0.0092	0.0087	0.0102	0.0087	0.0089	0.0094	6
加拿大	0.0073	0.0079	0.0065	0.0070	0.0060	0.0066	0.0074	0.0070	14
爱尔兰	0.0058	0.0054	0.0050	0.0241	0.0078	0.0048	0.0078	0.0087	10
荷兰	0.0054	0.0095	0.0056	0.0054	0.0057	0.0060	0.0055	0.0062	17
比利时	0.0046	0.0052	0.0041	0.0035	0.0040	0.0037	0.0046	0.0043	25
卢森堡	0.0019	0.0014	0.0016	0.0042	0.0042	0.0122	0.0015	0.0039	29
奥地利	0.0038	0.0052	0.0039	0.0032	0.0049	0.0046	0.0034	0.0041	26
瑞士	0.0071	0.0066	0.0049	0.0064	0.0071	0.0046	0.0054	0.0060	18
挪威	0.0033	0.0028	0.0031	0.0019	0.0038	0.0028	0.0057	0.0034	32
冰岛	0.0062	0.0016	0.0036	0.0029	0.0075	0.0033	0.0016	0.0038	30
丹麦	0.0038	0.0029	0.0029	0.0024	0.0054	0.0027	0.0033	0.0033	33
瑞典	0.0058	0.0067	0.0037	0.0035	0.0043	0.0031	0.0031	0.0043	24
西班牙	0.0060	0.0060	0.0057	0.0054	0.0052	0.0054	0.0069	0.0058	19
葡萄牙	0.0021	0.0017	0.0026	0.0025	0.0020	0.0028	0.0019	0.0022	38
希腊	0.0015	0.0018	0.0016	0.0038	0.0023	0.0021	0.0015	0.0021	39
土耳其	0.0048	0.0079	0.0067	0.0087	0.0044	0.0082	0.0110	0.0074	13
日本	0.0251	0.0214	0.0263	0.0222	0.0214	0.0202	0.0201	0.0224	3
芬兰	0.0066	0.0035	0.0022	0.0020	0.0021	0.0050	0.0060	0.0039	28
澳大利亚	0.0061	0.0063	0.0052	0.0036	0.0045	0.0060	0.0030	0.0050	20
新西兰	0.0083	0.0036	0.0053	0.0018	0.0065	0.0034	0.0022	0.0044	23
墨西哥	0.0089	0.0080	0.0076	0.0082	0.0066	0.0074	0.0069	0.0076	12
捷克	0.0036	0.0050	0.0075	0.0032	0.0035	0.0040	0.0054	0.0046	21
匈牙利	0.0030	0.0023	0.0047	0.0025	0.0027	0.0035	0.0041	0.0033	34
波兰	0.0043	0.0074	0.0083	0.0056	0.0055	0.0084	0.0049	0.0063	16
韩国	0.0146	0.0115	0.0126	0.0133	0.0140	0.0133	0.0163	0.0137	5
斯洛伐克	0.0020	0.0043	0.0073	0.0019	0.0044	0.0037	0.0050	0.0041	27
智利	0.0023	0.0023	0.0019	0.0027	0.0046	0.0051	0.0049	0.0034	31
斯洛文尼亚	0.0019	0.0021	0.0028	0.0017	0.0021	0.0031	0.0021	0.0022	37
爱沙尼亚	0.0039	0.0017	0.0032	0.0023	0.0016	0.0021	0.0030	0.0025	36
以色列	0.0047	0.0043	0.0062	0.0038	0.0050	0.0049	0.0033	0.0046	22

续表

国家	2012年	2013年	2014年	2015年	2016年	2017年	2018年	平均值	排名
巴西	0.0092	0.0095	0.0060	0.0058	0.0063	0.0056	0.0053	0.0068	15
俄罗斯	0.0087	0.0091	0.0103	0.0080	0.0080	0.0093	0.0088	0.0089	8
印度	0.0085	0.0085	0.0082	0.0089	0.0091	0.0088	0.0108	0.0090	7
南非	0.0033	0.0043	0.0025	0.0024	0.0022	0.0023	0.0023	0.0028	35

资料来源：根据本章指标体系以及综合测度数据分析得出。

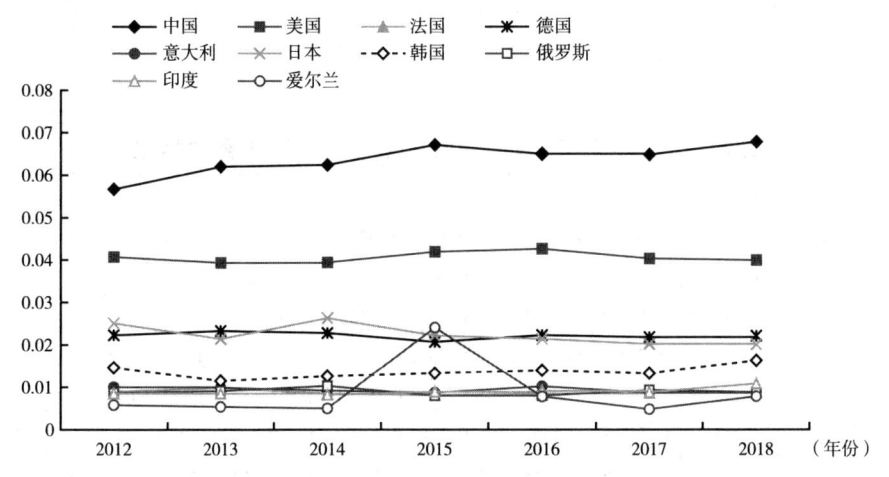

图 5-3 2012~2018 年各国制造业产业链抵抗力指数变化趋势

资料来源：根据本章指标体系以及综合测度数据分析得出。

三 恢复力维度

从恢复力维度分析，如表 5-11 所示，2012~2018 年美国在样本国家中居首位，我国则居第 2 位，排在前 4 位的还有德国和英国，这 4 个国家长期占据前 4 位，且名次平稳。我国制造业产业链恢复力指数在 2012~2015 年保持着小幅上升，2015~2017 年下降，2018 年呈现上升的趋势；美国 2012~2017 年均呈上升趋势，2018 年有所下降；德国基本呈下降趋势，从 2012 年的 0.0148 降为 2018 年的 0.0139；英国与德国相差不大，但是英国制造业产业链恢复力虽有波动，却总体上有所上升。从图 5-4 可以看出，中国和美国在制造业产业链恢复力指数方面遥遥领先其他国家,美国又大幅领先我国。我国制造业产业链恢复力指数在 2012~2015 年呈持续上升趋势,2015~2017 年有所下降,2018 年又快速恢复至平稳状态;美国制造业产业链恢复力指数在 2012~2017 年呈现持续上升趋势,2018 年才有所下降,但下降幅度较小,总体从 2012 年的 0.0332 上升至 2018 年的 0.0413。排在前 10 位的国家中,中国、美国、英国、爱尔兰、荷兰的制造业产业链恢复力指数总体呈现上升趋势,而法国、德国、加拿大、瑞士、日本这 5 个国家则在波动中呈下降趋势。

表 5-11　2012~2018 年各国制造业产业链恢复力指数

国家	2012 年	2013 年	2014 年	2015 年	2016 年	2017 年	2018 年	平均值	排名
中国	0.0274	0.0282	0.0299	0.0301	0.0289	0.0274	0.0286	0.0286	2
美国	0.0332	0.0363	0.0387	0.0395	0.0412	0.0424	0.0413	0.0389	1
英国	0.0117	0.0119	0.0126	0.0113	0.0120	0.0107	0.0119	0.0117	4
法国	0.0085	0.0084	0.0073	0.0079	0.0068	0.0072	0.0075	0.0076	7
德国	0.0148	0.0147	0.0144	0.0140	0.0141	0.0139	0.0139	0.0143	3
意大利	0.0067	0.0056	0.0053	0.0058	0.0060	0.0056	0.0059	0.0058	12
加拿大	0.0088	0.0086	0.0087	0.0074	0.0074	0.0070	0.0072	0.0079	6
爱尔兰	0.0043	0.0035	0.0047	0.0128	0.0054	0.0062	0.0077	0.0064	9
荷兰	0.0081	0.0077	0.0095	0.0105	0.0103	0.0105	0.0108	0.0096	5
比利时	0.0028	0.0058	0.0049	0.0053	0.0044	0.0050	0.0047	0.0047	18
卢森堡	0.0023	0.0029	0.0022	0.0014	0.0030	0.0024	0.0024	0.0024	24
奥地利	0.0025	0.0026	0.0025	0.0027	0.0029	0.0022	0.0029	0.0026	23
瑞士	0.0080	0.0071	0.0055	0.0061	0.0064	0.0064	0.0067	0.0066	8
挪威	0.0019	0.0024	0.0021	0.0030	0.0031	0.0018	0.0016	0.0023	28
冰岛	0.0019	0.0020	0.0009	0.0004	0.0000	0.0017	0.0006	0.0011	39
丹麦	0.0013	0.0024	0.0016	0.0018	0.0028	0.0018	0.0021	0.0020	31
瑞典	0.0040	0.0032	0.0029	0.0031	0.0025	0.0027	0.0026	0.0030	21
西班牙	0.0072	0.0058	0.0054	0.0057	0.0052	0.0055	0.0055	0.0058	13
葡萄牙	0.0024	0.0021	0.0016	0.0017	0.0017	0.0019	0.0021	0.0019	32
希腊	0.0024	0.0009	0.0005	0.0010	0.0010	0.0007	0.0011	0.0011	38
土耳其	0.0021	0.0038	0.0021	0.0024	0.0017	0.0023	0.0018	0.0023	26
日本	0.0063	0.0083	0.0057	0.0053	0.0077	0.0051	0.0053	0.0062	10

续表

国家	2012年	2013年	2014年	2015年	2016年	2017年	2018年	平均值	排名
芬兰	0.0062	0.0017	0.0009	0.0013	0.0011	0.0019	0.0011	0.0020	29
澳大利亚	0.0059	0.0052	0.0061	0.0047	0.0070	0.0048	0.0050	0.0055	15
新西兰	0.0008	0.0013	0.0029	0.0012	0.0015	0.0016	0.0005	0.0014	34
墨西哥	0.0059	0.0053	0.0054	0.0051	0.0063	0.0056	0.0055	0.0056	14
捷克	0.0030	0.0019	0.0028	0.0023	0.0027	0.0028	0.0030	0.0027	22
匈牙利	0.0024	0.0023	0.0024	0.0016	0.0012	0.0020	0.0021	0.0020	30
波兰	0.0027	0.0028	0.0046	0.0028	0.0026	0.0027	0.0037	0.0032	20
韩国	0.0039	0.0056	0.0053	0.0047	0.0046	0.0058	0.0051	0.0050	17
斯洛伐克	0.0015	0.0009	0.0029	0.0015	0.0016	0.0011	0.0027	0.0017	33
智利	0.0022	0.0024	0.0027	0.0016	0.0023	0.0019	0.0029	0.0023	27
斯洛文尼亚	0.0011	0.0014	0.0011	0.0011	0.0012	0.0014	0.0016	0.0013	37
爱沙尼亚	0.0009	0.0018	0.0015	0.0013	0.0008	0.0015	0.0015	0.0013	36
以色列	0.0008	0.0020	0.0015	0.0013	0.0010	0.0015	0.0017	0.0014	35
巴西	0.0074	0.0050	0.0048	0.0053	0.0044	0.0055	0.0048	0.0053	16
俄罗斯	0.0069	0.0058	0.0058	0.0057	0.0061	0.0072	0.0052	0.0061	11
印度	0.0034	0.0036	0.0047	0.0037	0.0046	0.0050	0.0037	0.0041	19
南非	0.0025	0.0028	0.0019	0.0018	0.0025	0.0031	0.0017	0.0023	25

资料来源：根据本章指标体系以及综合测度数据分析得出。

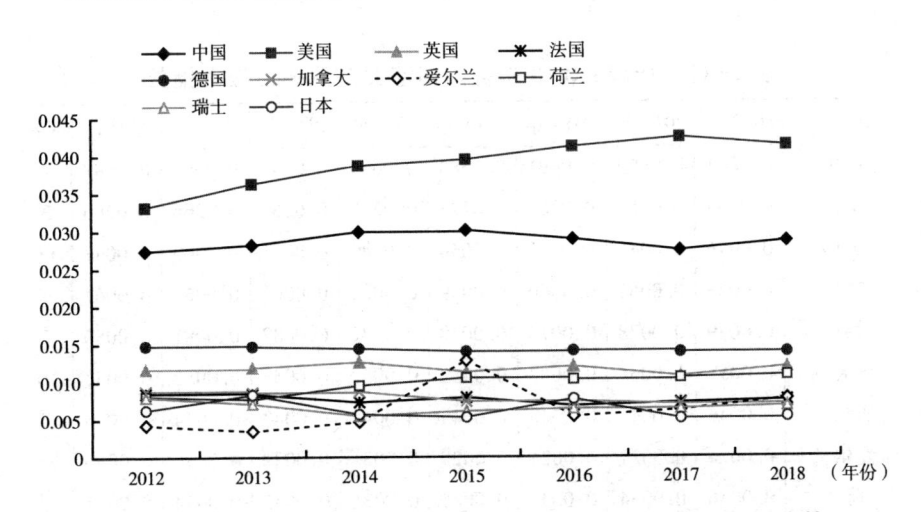

图 5-4 2012~2018 年各国制造业产业链恢复力指数变化趋势

资料来源：根据本章指标体系以及综合测度数据分析得出。

四 适应力维度

从适应力维度分析，如表 5-12 所示，我国在样本国家中居首位，美国排在第 2 位，印度排在第 3 位，墨西哥排在第 4 位，日本排在第 5 位，排在前 5 位的国家排名非常平稳，排在前 10 位的国家还包括韩国、德国、俄罗斯、法国、意大利，指数排名有小幅波动和交替。我国制造业产业链适应力指数整体呈现上升趋势，从 2012 年的 0.0661 上升至 2018 年的 0.0698；美国的制造业产业链适应力指数 2012~2013 年有所下降，2013~2015 年持续上升，2016~2018 年持续下降，不过总体上波动幅度较小且呈上升趋势，从 2012 年的 0.0259 上升至 2018 年的 0.0266。从图 5-5 可以看出，我国制造业产业链适应力指数领先其他国家，总体上我国制造业产业链适应力指数保持平稳状态。大多数国家制造业产业链适应力指数的变化幅度较小，这主要是由于固定资本形成总额、劳动力、劳动生产效率及全球价值链长度指数都是一个国家（或者地区）长期以来形成的，短期内的变化不大，因此由上述指标体现出来的适应力指数自然变化不大。

表 5-12 2012~2018 年各国制造业产业链适应力指数

国家	2012 年	2013 年	2014 年	2015 年	2016 年	2017 年	2018 年	平均值	排名
中国	0.0661	0.0680	0.0691	0.0683	0.0679	0.0684	0.0698	0.0682	1
美国	0.0259	0.0258	0.0267	0.0273	0.0270	0.0269	0.0266	0.0266	2
英国	0.0046	0.0045	0.0045	0.0050	0.0049	0.0051	0.0049	0.0048	13
法国	0.0063	0.0062	0.0060	0.0059	0.0061	0.0063	0.0063	0.0062	9
德国	0.0079	0.0078	0.0078	0.0079	0.0082	0.0082	0.0081	0.0080	7
意大利	0.0057	0.0055	0.0052	0.0052	0.0052	0.0053	0.0052	0.0053	10
加拿大	0.0046	0.0045	0.0046	0.0045	0.0045	0.0043	0.0044	0.0045	15
爱尔兰	0.0026	0.0027	0.0024	0.0029	0.0034	0.0032	0.0036	0.0030	28
荷兰	0.0036	0.0034	0.0034	0.0035	0.0034	0.0035	0.0034	0.0035	22
比利时	0.0036	0.0036	0.0035	0.0034	0.0034	0.0035	0.0035	0.0035	21
卢森堡	0.0019	0.0023	0.0023	0.0024	0.0024	0.0026	0.0026	0.0024	33

续表

国家	2012年	2013年	2014年	2015年	2016年	2017年	2018年	平均值	排名
奥地利	0.0029	0.0030	0.0029	0.0030	0.0030	0.0029	0.0029	0.0030	29
瑞士	0.0033	0.0036	0.0036	0.0036	0.0037	0.0038	0.0039	0.0037	20
挪威	0.0047	0.0046	0.0047	0.0041	0.0039	0.0037	0.0039	0.0042	16
冰岛	0.0051	0.0026	0.0030	0.0031	0.0026	0.0023	0.0024	0.0030	26
丹麦	0.0022	0.0021	0.0021	0.0021	0.0022	0.0023	0.0023	0.0022	35
瑞典	0.0031	0.0030	0.0029	0.0029	0.0030	0.0030	0.0029	0.0030	27
西班牙	0.0043	0.0040	0.0042	0.0040	0.0041	0.0043	0.0043	0.0042	17
葡萄牙	0.0022	0.0021	0.0019	0.0020	0.0022	0.0023	0.0023	0.0022	36
希腊	0.0014	0.0013	0.0011	0.0012	0.0010	0.0009	0.0008	0.0011	39
土耳其	0.0045	0.0048	0.0051	0.0056	0.0057	0.0056	0.0055	0.0053	11
日本	0.0116	0.0120	0.0118	0.0118	0.0114	0.0112	0.0108	0.0115	5
芬兰	0.0030	0.0030	0.0029	0.0031	0.0032	0.0032	0.0031	0.0031	25
澳大利亚	0.0048	0.0047	0.0049	0.0045	0.0044	0.0045	0.0045	0.0046	14
新西兰	0.0020	0.0019	0.0021	0.0019	0.0019	0.0019	0.0019	0.0019	37
墨西哥	0.0135	0.0135	0.0140	0.0142	0.0144	0.0143	0.0138	0.0140	4
捷克	0.0039	0.0042	0.0038	0.0039	0.0040	0.0041	0.0041	0.0040	18
匈牙利	0.0026	0.0027	0.0025	0.0026	0.0026	0.0027	0.0027	0.0027	31
波兰	0.0037	0.0039	0.0037	0.0039	0.0039	0.0038	0.0039	0.0038	19
韩国	0.0076	0.0078	0.0078	0.0082	0.0084	0.0085	0.0082	0.0081	6
斯洛伐克	0.0031	0.0033	0.0029	0.0032	0.0030	0.0031	0.0030	0.0031	24
智利	0.0025	0.0027	0.0030	0.0024	0.0025	0.0024	0.0022	0.0025	32
斯洛文尼亚	0.0028	0.0028	0.0028	0.0028	0.0026	0.0025	0.0025	0.0027	30
爱沙尼亚	0.0023	0.0024	0.0022	0.0022	0.0021	0.0023	0.0022	0.0022	34
以色列	0.0014	0.0015	0.0012	0.0011	0.0012	0.0012	0.0012	0.0013	38
巴西	0.0059	0.0059	0.0056	0.0051	0.0045	0.0043	0.0042	0.0051	12
俄罗斯	0.0073	0.0077	0.0074	0.0069	0.0071	0.0071	0.0068	0.0072	8
印度	0.0163	0.0153	0.0149	0.0148	0.0151	0.0153	0.0159	0.0154	3
南非	0.0030	0.0032	0.0031	0.0032	0.0032	0.0032	0.0030	0.0031	23

资料来源：根据本章指标体系以及综合测度数据分析得出。

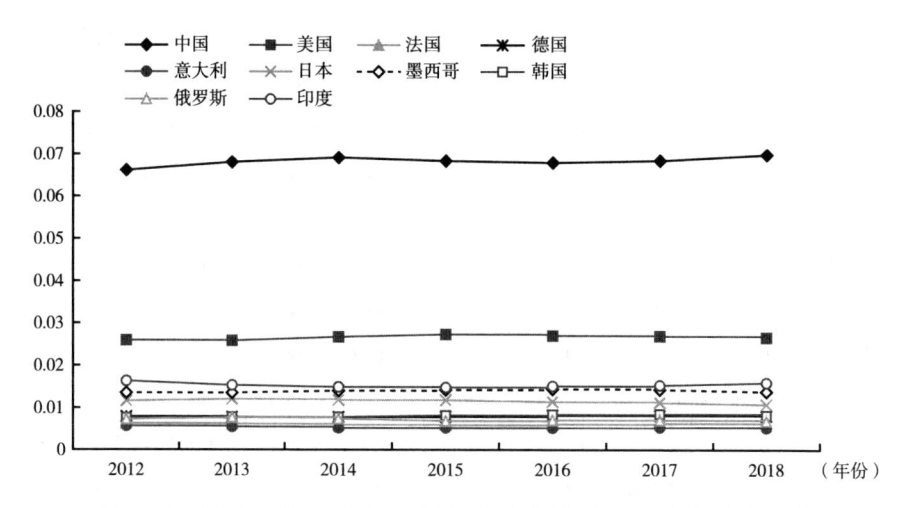

图 5-5　2012~2018 年各国制造业产业链适应力指数变化趋势

资料来源：根据本章指标体系以及综合测度数据分析得出。

五　增长力维度

从增长力维度分析，如表 5-13 所示，2012~2018 年韩国在样本国家中居首位，以色列、日本、瑞典、丹麦、芬兰等国名列前茅，而我国已经排到第 19 位。我国制造业产业链在增长力方面的竞争力比较弱，在高端技术方面弱于排名居前列的国家。2012 年以来，我国加大对科技研发的投入，鼓励创新，2012~2016 年我国制造业产业链的增长力指数呈现上升的趋势，2017 年有小幅下降，而 2018 年下降幅度较大。2018 年美国总统特朗普宣布"将有可能对从我国进口的 600 亿美元商品加征关税，并限制我国企业对美投资并购"，由此拉开了中美贸易摩擦的序幕，这次贸易摩擦深刻影响了我国的经济发展，对美国自身也产生了强烈的经济冲击；同年，美国以国家安全为由，禁止美国的公司向我国华为公司出售技术及设备。在遭受美国的技术封锁后，我国制造业在高端技术创新方面面临巨大的难题，故而我国制造业产业链增长力指数在 2018 年出现大幅下降。从图 5-6 可以看出，排在前 20 位的国家制造业产业链增长力指数基本保持平稳状态，只有 2018 年，几乎所有国家制造业产业链增长力指数都大幅下降，而其中最重要的原因就是由美国发起的对华贸易摩擦对全球经济产生了重大影响。

表 5-13　2012~2018 年各国制造业产业链增长力指数

国家	2012 年	2013 年	2014 年	2015 年	2016 年	2017 年	2018 年	平均值	排名
中国	0.0042	0.0043	0.0043	0.0045	0.0046	0.0044	0.0024	0.0041	19
美国	0.0058	0.0059	0.0058	0.0059	0.0060	0.0060	0.0029	0.0055	10
英国	0.0042	0.0043	0.0044	0.0044	0.0044	0.0043	0.0026	0.0041	18
法国	0.0053	0.0053	0.0054	0.0052	0.0052	0.0051	0.0029	0.0049	12
德国	0.0062	0.0062	0.0062	0.0063	0.0063	0.0064	0.0030	0.0058	7
意大利	0.0035	0.0036	0.0036	0.0035	0.0037	0.0037	0.0024	0.0034	23
加拿大	0.0042	0.0040	0.0039	0.0037	0.0037	0.0034	0.0019	0.0035	22
爱尔兰	0.0036	0.0037	0.0036	0.0033	0.0033	0.0033	0.0021	0.0033	27
荷兰	0.0045	0.0049	0.0049	0.0047	0.0047	0.0047	0.0024	0.0044	16
比利时	0.0047	0.0048	0.0050	0.0051	0.0051	0.0052	0.0023	0.0046	13
卢森堡	0.0028	0.0029	0.0026	0.0026	0.0028	0.0027	0.0015	0.0026	35
奥地利	0.0066	0.0060	0.0062	0.0062	0.0062	0.0060	0.0027	0.0057	9
瑞士	0.0059	0.0062	0.0063	0.0064	0.0061	0.0062	0.0029	0.0057	8
挪威	0.0047	0.0047	0.0047	0.0050	0.0051	0.0052	0.0029	0.0046	14
冰岛	0.0055	0.0050	0.0053	0.0055	0.0055	0.0054	0.0031	0.0051	11
丹麦	0.0065	0.0065	0.0065	0.0067	0.0067	0.0064	0.0031	0.0061	5
瑞典	0.0067	0.0071	0.0070	0.0070	0.0070	0.0070	0.0033	0.0064	4
西班牙	0.0035	0.0035	0.0035	0.0034	0.0034	0.0034	0.0023	0.0033	25
葡萄牙	0.0037	0.0035	0.0035	0.0035	0.0036	0.0036	0.0024	0.0034	24
希腊	0.0023	0.0025	0.0025	0.0028	0.0028	0.0030	0.0020	0.0026	34
土耳其	0.0027	0.0026	0.0027	0.0027	0.0029	0.0029	0.0021	0.0026	31
日本	0.0071	0.0072	0.0072	0.0071	0.0069	0.0068	0.0032	0.0065	3
芬兰	0.0069	0.0069	0.0068	0.0065	0.0061	0.0060	0.0030	0.0060	6
澳大利亚	0.0046	0.0049	0.0044	0.0043	0.0046	0.0044	0.0025	0.0043	17

续表

国家	2012 年	2013 年	2014 年	2015 年	2016 年	2017 年	2018 年	平均值	排名
新西兰	0.0041	0.0039	0.0041	0.0040	0.0040	0.0041	0.0027	0.0038	20
墨西哥	0.0012	0.0014	0.0015	0.0014	0.0014	0.0013	0.0014	0.0014	39
捷克	0.0022	0.0022	0.0023	0.0022	0.0022	0.0022	0.0022	0.0022	36
匈牙利	0.0032	0.0033	0.0033	0.0032	0.0030	0.0032	0.0021	0.0030	29
波兰	0.0028	0.0027	0.0028	0.0029	0.0029	0.0030	0.0020	0.0027	30
韩国	0.0074	0.0076	0.0080	0.0079	0.0079	0.0082	0.0034	0.0072	1
斯洛伐克	0.0027	0.0026	0.0028	0.0030	0.0026	0.0027	0.0020	0.0026	32
智利	0.0026	0.0026	0.0025	0.0025	0.0027	0.0027	0.0026	0.0026	33
斯洛文尼亚	0.0053	0.0053	0.0051	0.0048	0.0045	0.0043	0.0024	0.0045	15
爱沙尼亚	0.0042	0.0035	0.0032	0.0033	0.0029	0.0038	0.0019	0.0033	26
以色列	0.0071	0.0070	0.0072	0.0074	0.0075	0.0076	0.0023	0.0066	2
巴西	0.0033	0.0033	0.0034	0.0034	0.0035	0.0033	0.0022	0.0032	28
俄罗斯	0.0039	0.0039	0.0037	0.0038	0.0038	0.0038	0.0028	0.0037	21
印度	0.0019	0.0019	0.0019	0.0020	0.0020	0.0020	0.0015	0.0019	37
南非	0.0019	0.0018	0.0019	0.0018	0.0019	0.0020	0.0014	0.0018	38

资料来源：根据本章指标体系以及综合测度数据分析得出。

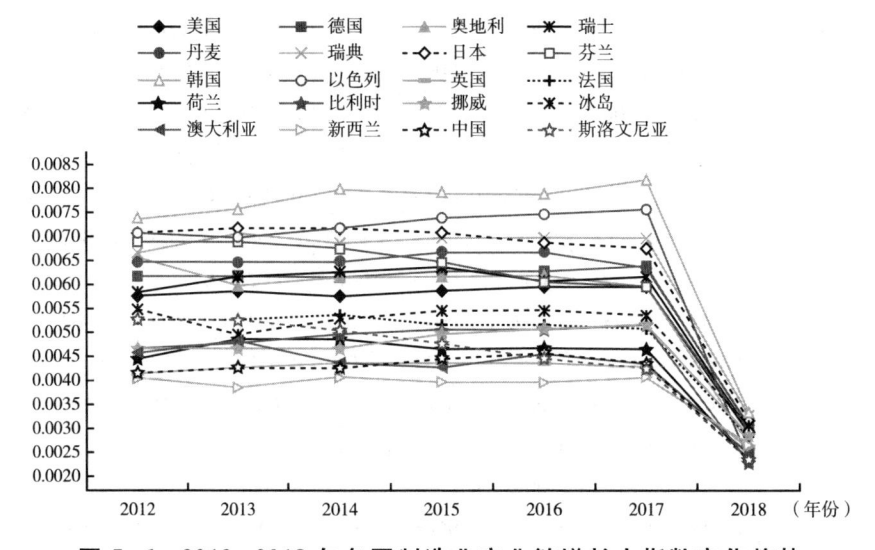

图 5-6 2012~2018 年各国制造业产业链增长力指数变化趋势

资料来源：根据本章指标体系以及综合测度数据分析得出。

第五节　中国制造业产业链韧性存在的问题讨论

从时间序列上看，2012~2018年，大多数国家的制造业产业链韧性水平保持着相对平稳的状态，其中中国、美国、爱尔兰、荷兰、土耳其、捷克、波兰、斯洛伐克、智利、印度的制造业产业链韧性指数呈现在波动中上升的趋势，样本中其余国家的制造业产业链韧性指数则在波动中有所下降或保持不变。总体上看，我国制造业产业链韧性水平居前列，甚至超越了其他制造强国和制造大国。我国地大物博，自然资源、人力资源丰富。在改革开放初期，我国制造业凭借着低廉的生产成本等自身比较优势迅速融入全球产业链分工布局，积极参与全球化进程，顺应全球化发展，取得了惊人的成绩。我国制造业经过几十年的快速发展，制造业发展基础雄厚，制造业优势积累充分，尤其是我国的装备制造业在国际上具有较强的制造优势，并且拥有一批新的技术和产品。因此，我国制造业产业链韧性在一定程度上具有自身的相对优势，为产业链的发展和完善提供了重要的基础与保障。对于自身的既有优势应当继续强化，应继续发挥既有优势的重要作用。但是随着时代的发展，我国制造业的比较优势逐渐减弱，面临劳动力成本不断提高、传统的劳动密集型产业不断向印度等劳动力成本更加低廉的国家或者地区转移的现象，部分非洲及东南亚国家的比较优势逐渐显现出来。过去粗放型的制造业经济增长方式导致我国资源消耗巨大，环境污染严重，面临资源枯竭的风险，而制造业紧紧依赖于自然资源，一旦资源紧张，我国制造业势必会遭受重创。我国在参与全球产业链生产环节中，处于中低端位置，"断链"风险高，且产品附加值低。全球制造业格局正在不断变化，而我国制造业的比较优势却相对减弱，我国制造业现有的格局必将重组。因此，我国制造业转型发展迫在眉睫，创造自身新的比较优势，优化我国制造业产业链，保持制造业产业链韧性的稳中有升。我国制造业产业链韧性的主要构成要素主要存在以下不足：在创新层面主要表现为对高端核心技术的掌握度不够，研发投入强度不够，科技创新能力不足；在环境层面主要表现为过度依赖资源禀赋，资源消耗巨大，环境污染问题严重；在全球价值链层面主要表现为分工地位仍然处于中低端，尚未突破低端锁定的枷锁；在国际环境层面主要表现为国际形势严峻，突发公共事件影响全球制造业的发展，国际市场危机四伏。

在抵抗力方面，我国制造业产业链抵抗力指数在样本国家中总体居首位，对突发事件的抵抗能力较强。在面对突发危机时，我国由制造业系统的敏感指数、制造业的总体规模、国际市场占有率、产业结构、外贸依存度、产业集中度综合形成的对冲击的抵抗力是具有比较优势的。制造业是实体经济的核心，保证实体经济作为经济发展的主导，继续保持制造业总体规模的领先地位。随着社会经济的发展、生活水平的提高，人们对生活质量的要求发生了质的变化，需求和消费结构持续升级。但目前我国的供给和需求严重不匹配，国内制造业产能严重过剩，充斥着无效和低端供给，而有效和高端供给不足，供给结构不合理，供给效率低，无法满足人们的需求。市场需求结构的变化必然引起制造业产业结构的调整。另外，传统的依靠资源要素驱动的发展已经无法适应经济形势变化，因此，制造业产业结构调整是提升产业链韧性的有效途径。

在恢复力方面，我国制造业产业链恢复力指数仅次于美国，在样本国家中居第 2 位，虽然并没有排在首位，但我国制造业产业链恢复力仍然表现良好。提升产业多样性，不断扩大对外开放，开拓国际市场，完善外商投资渠道，可以更好地提升我国制造业产业链韧性，增强我国制造业实力。

在适应力方面，我国制造业产业链适应力指数在样本国家中居首位。我国资源丰富、人口众多、劳动力丰富，因此固定资本形成总额、劳动力指标都具有优势。但是我国的劳动生产效率并不高，主要借助我国庞大的劳动人口规模来总体弥补我国制造业在产出方面的不足，应总体提升我国劳动生产效率，促进制造业高质量发展。

虽然我国制造业产业链的抵抗力、恢复力和适应力较好，与发达国家相比也毫不逊色，但在增长力方面存在较大的差距，排在第 1 位的韩国在 2012~2018 年的制造业产业链增长力指数均值为 0.0072，排在第 2 位的以色列为 0.0066，排在第 3 位的日本为 0.0065，而我国 2012~2018 年的制造业产业链增长力指数均值仅为 0.0041，与韩国、以色列、日本等国相比，我国制造业产业链增长力逊色不少。2018 年，几乎所有样本国家的制造业产业链增长力指数都有不同程度的下降，共同的原因之一便是美国单方面发起的对华贸易摩擦，这不仅使得中美两国经济受到较大影响，而且整个世界经济也遭受了重大牵连。但对我国来说，这次贸易摩擦在一定程度上也许是一场转机，虽然对我国制造业是较大的挑战，但这也让我们清醒地认识到，依靠国外技术终究无法实现真正的民族复兴，只有充分发挥中国人民的聪明才智，攻克高端技术壁垒，补齐短板，才能实现真正的民族富强。因此，我国制造业要实现高质量发展、提升制造业产业链韧性，必须重视科学技术创新，将核心技术掌握在自己手里，提升我国制造业在全球价值链中的分工地位，并且应该持续推进绿色发展战略。

第六节 提升中国制造业产业链韧性的对策建议

制造业产业链是制造业产业高效协作和分工的载体，是一个联系紧密、复杂多变的网状系统。在全球竞争下，我国制造业寻求高质量高水平的发展，要求制造业产业链具有更高水平的韧性。本章通过构建综合指标体系来测度制造业产业链韧性，并探讨提升制造业产业链韧性的对策建议。

一 基于韧性指数分析的对策建议

第一,制造业产业链抵抗力、恢复力、适应力、增长力四个维度的融合。通过前文的研究,目前我国制造业产业链韧性主要依靠抵抗力、恢复力及适应力这三个维度传统的比较优势,制造业产业链增长力是我国制造业产业链韧性水平提升的短板。我国制造业发展至今,制造业的总体规模、产业结构、产业多样性、外商直接投资、固定资本形成总额、劳动力、劳动生产效率、全球价值链长度指数等都是促进我国制造业产业链韧性保持优势的基础条件,也是进一步发挥其优势的关键力量。我国不仅要继续发挥既有优势,还要融合发展,创造新优势,促进我国制造业高质量发展。我国在寻求提升制造业产业链韧性的路径过程中,应重视抵抗力、恢复力、适应力和增长力的融合提升,将提升产品质量效益作为第一要务,改变我国制造业传统格局,强化产业基础,优化制造业产业结构;加强创新,提升产品质量;扩大产业规模,提高产品效益;完善制造业产业链布局;注重环境保护,注重持续发展。

第二,提升我国制造业产业链韧性水平,应充分发挥中国特色社会主义制度集中力量办大事的优势,深化体制机制改革,打造高效制度环境,优化制度供给。随着我国制造业自身比较优势的减弱,制造业生产成本逐渐提高,出现产业空心化等不良态势。因此,应健全金融扶持政策、财政政策及产业政策等政策体系。通过完善对中小微企业的支持机制,不断延伸制造业产业链,提升制造业产业链韧性。对于我国资源环境承载力逐渐减弱的情况,企业应强化社会责任意识,为构建和谐社会贡献力量;政府应深化市场准入制度,加强政府和人民的监管,加快建设统一的市场,促进制造业的可持续发展。

第三,我国虽为制造业大国,却不是制造强国,制造业发展水平与发达国家之间还存在较大差距,并且我国制造业与美国、日本、德国等国家的制造业处于不同的发展阶段，需要借鉴学习发达国家在制造业发展历程上的经验教训，并结合我国国情及制造业发展情况，采用小批量和柔性生产等方式，以更好地满足消费者的不同需求。注重制造业发展的绿色化、服务化、高端化、智能化，逐渐提高劳动生产效率和全要素生产率。印度等新兴经济体的制造业正快速发展，我国应加强与这些新兴经济体的合作，共同发展。

第四，制造业发展由要素驱动转变成创新驱动，强化制造业的创新引领作用。"创新是引领发展的第一动力"，我国制造业必须注重加大研发投入力度，打造我国制造业自身的核心竞争力，缩小与美国等发达国家之间的差距，努力向全球价值链高端攀升。创新发展是破解我国制造业长期处于全球价值链中低端问题的有效方法，制造业的创新不仅需要技术上的创新还需要制度上的创新，应将二者相结合，着力解决制造业长期以来的创新不足问题。

第五，不确定因素对我国制造业产业链韧性的影响进一步影响了我国制造业的发展。我国制造业能否顺利发展，除了受到制造业产业自身发展的客观规律、国内科技创新进步的约束、国外高端技术的封锁等限制，还受到不可预测（如战争、疫情）、国际政治经济环境、国际贸易保护等诸多不确定因素的影响。这些因素在指标体系中显性化，影响了制造业产业链韧性水平的比较判断。

二 基于四个维度指标的对策建议

第一，抵抗力维度。补齐制造业产业链抵抗力不足的短板，可通过构建现代化的治理体系、做优做强现代化产业体系、充分调动各经济主体的发展活力（曾冰，2021）。我国制造业总体规模庞大，这也是我国制造业在面对诸如中美贸易摩擦时的立身之本。但是要真正实现制造强国的目标，还有很长的一段路要走，应该充分肯定我国制造业既有的"产业规模大"的优势，进一步推进高质量发展，促进制造业发展由量到质的转变。优化制造业产业结构，推动制造业产业基础化、现代化，延伸产业链，优化产业链，促进产业链上、中、下游相互渗透，强化合作。以国内市场为主体，彻底改变以往"两头在外，大进大出"的发展模式，提升制造业产业链抵抗冲击扰动的能力。

第二，恢复力维度。加强与抵抗力的协同整合，形成更加强健的产业链。通过产业多样化丰富产业结构，优化招商引资政策以吸引外资，注重制造业的新业态及新模式对制造业产业链韧性发展的重要促进作用，提升我国制造业应对危机的恢复力。

在全球化进程不断加快的背景下，我国制造业要快速发展，必须不断扩大对外开放，积极融入全球产业链。完善对外投资制度和外商投资体制建设，促进制造业企业更好地对外开放。我国有关部门应做好对外商投资规范化的管理，健全外商投资准入前国民待遇及负面清单的管理机制，提高贸易投资的便利化水平。顺应"双循环"新发展格局，制造业应充分利用我国国内超大市场，以国内大循环为主体、国内国际双循环相互促进。目前，国际市场存在太多的不确定因素，市场风险巨大，我国14亿人口所形成的超大内需市场为我国制造业的发展提供了完备的国内市场。因此，我们应该建设制造业产业链、供应链的流通体系，全面深化改革，促进制造业国内市场的畅通。国际市场作为国内市场的补充和延伸，需要更深层次地扩大对外开放，与新兴国家建立深刻联系，共同提升制造业产业链韧性水平，促进制造业的高质量、可持续发展。

第三，适应力维度。充分发挥我国资源禀赋的比较优势，特别是利用好劳动力市场要素，充分调动劳动者的创造性和生产积极性，提升劳动生产效率（何亚莉、杨肃昌，2021）。发挥工匠精神和企业家精神，培育一批"专精特新"的中小制造业企业，打造具有全局性和战略性的制造业产业链。还应利用国内庞大的市场规模和内需，推动制造业部门实现转型升级，这可以通过加强国内各部门及制造业内部各部门间的投入产出关联来实现，从而延长制造业产品在国内价值链上的长度，增加制造业产品生产的复杂度（马风涛，2019）。

第四，增长力维度。加大研发投入，提升科技创新能力，提升我国在高端核心技术产业链上的话语权。与发达国家相比，我国制造业在高端核心技术方面是依附于发达国家的，是我国的弱项。我国应继续加大制造业高新技术研发和创新的投入，实行激励科学发展和创新的政策，例如，通过鼓励产学研结合、完善创新体制、增加教育投入等促进科技创新。我国制造业的发展需要各类专业人才，人才对我国制造业发展发挥着非常重要的作用。科技创新的核心是人才，因为人才是创新的主体，所以推动创新的关键在于培养和吸引优秀的人才。创新驱动本质上就是人才驱动，应根据各类人才的特点，实施分类引导，为各类人才提供发光发热的平台；同时盘活人才存量，利用各种人才优惠政策吸引人才。注重知识产权的保护和监管，创造更加公平公正的知识创新环境，增强创新动力。尽管达到以上条件、在短期内培育全球性的高新技术的大型集成商的难度仍然较大，但是我们可以在产业链的关键环节和领域进行重点突破，培育关键环节和领域的"专精特新"企业。

坚持绿色发展理念，重视环境保护。我国制造业自改革开放以来迅速发展的代价之一就是环境污染，我国存在的广泛的加工贸易是以我国的资源禀赋为基础的，不仅资源消耗过大，而且环境污染也比较严重。对此，首先，我国制造业应提高资源的利用效率，应用环保节能技术，攻克绿色生产中的关键技术难关，减少环境污染物的排放，真正实现生产过程的节能减排；其次，政府应当制定制造业的环境准入标准，并且严格监管企业的能源消耗和污染排放等指标，鼓励企业发展新兴绿色产业；最后，我国应积极转变制造业企业的粗放式和资源消耗式模式，积极发展和培育新兴绿色产业，转型升级传统高能耗高污染产业。

提升我国全球价值链的分工地位，生产制造业高附加值产品。我国制造业在全球价值链中尚处于中低端位置。从全球价值链分工地位来看，我国制造业生产的高附加值产品占国内的比重与发达国家制造业生产的高附加值产品占国内的比重小得多。对此，应大力推动供给侧结构性改革，升级低端产业，提高制造业产品的科技含量，提高出口产品附加值，提升高端产业供给。扩大开放，加强学习，深化与世界强国之间的交流合作，取其精华，从而促进我国制造业的优化升级。

第六章 结论与研究展望

第一节 研究结论

本书以我国制造业细分行业 2007~2017 年的相关数据为样本，重点研究了我国制造业 16 个细分行业的产业链韧性，得到如下结论。

第一，产业链是各行业基于投入产出关系相互关联形成的复杂网络系统。依据产业链识别结果发现：①核心行业与某些行业具有十分密切的联系，这些行业与核心行业既有后向关联关系又有前向关联关系，如 01 农林牧渔产品和服务业既是 06 食品和烟草业的后向强关联行业，又是其前向强关联行业；②不同行业的产业链网络存在某些共同的行业节点，如 2017 年，我国制造业所有行业的上游行业群都包含 27 交通运输、仓储和邮政业；③产业链处于不断发展演化的状态，如 13 非金属矿物制品业 2015 年的上游行业群包含 14 个行业，2017 年减少至 13 个，且具体行业也有一定差异。

第二，2007~2017 年，我国制造业大部分行业的产业链韧性呈现增长趋势，各行业的产业链韧性表现差异较明显，高技术制造业的表现要优于消费品制造业，但整体排名相对稳定。研究期间，产业链韧性平均值最低的是 09 木材加工品和家具业（0.1330），平均值最高的是 12 化学产品业（0.9255），其次是 14 金属冶炼及压延加工品业（0.6989），19 通信设备、计算机和其他电子设备业（0.6877），16 通用、专用设备业（0.6111），06 食品和烟草业（0.5060），其余行业的产业链韧性值均小于 0.5。从时间维度上看，我国制造业全行业产业链平均韧性呈现"上升—下降—上升"的波动趋势，全行业产业链平均韧性在 0.4138 和 0.4569 之间波动，表明目前我国制造业产业链韧性仍有较大的提升空间。

第三，产业链节点韧性是影响产业链韧性的主要因素。从现有数据来看，产业链节点韧性排名靠前的行业，一般其产业链韧性也较强。相对特殊的是 08 纺织服装鞋帽皮革羽绒及其制品业，其产业链节点韧性的平均值排在第 9 位，但由于其链条韧性较低，产业链韧性最终排在第 15 位。从抵抗力、恢复力、调整适应力、持续增长力分析各行业的节点韧性，各行业恢复力表现差距最大（0.9777），抵抗力差距最小（0.6249），而大多数行业的持续增长力表现不佳，全行业的持续增长力均值仅为 0.2787，说明创新动力不足是制约我国制造业行业发展的重要原因。此外，产业链链条韧性较高的是附加值较高的高技术制造业和受其他行业依赖程度较高的基础行业，且不同行业间的感应度系数差异较大。

第四，将我国制造业细分行业的产业链韧性分为五类，强韧性的行业仅有 12 化学产品业，产业链韧性均值为 0.9255；较强韧性的行业包含 14 金属冶炼及压延加工品业，16 通用、专用设备业以及 19 通信设备、计算机和其他电子设备业，产业链韧性均值为 0.6659；中等韧性的行业包含 06 食品和烟草业、17 交通运输设备业、18 电气机械和器材业，产业链韧性均值为 0.4857；较低韧性的行业包含 07 纺织品业，10 造纸印刷和文教体育用品业，11 石油、炼焦产品和核燃料加工品业，13 非金属矿物制品业，15 金属制品业，20 仪器仪表业以及 21 其他制造业，产业链韧性均值为 0.3128；低韧性的行业包含 08 纺织服装鞋帽皮革羽绒及其制品业和 09 木材加工品和家具业，产业链韧性均值为 0.1697。产业链韧性处于中等及以上的行业仅有 7 个，不足制造业全部行业的一半，说明当前我国制造业各细分行业的产业链韧性不强，抵御化解外界冲击的能力不足。

第五，现代化的产业链要求产业链必须具备"韧性"这一重要特征，产业链韧性的提升对加快推进产业链现代化和构建新发展格局具有重要意义。基于产业链韧性测度结果，本书分别从整体和行业层面提出了我国制造业各行业产业链韧性的提升路径，提出的 3 条整体提升路径为："点式突破"，巩固产业链节点韧性；"链式协同"，提升产业链链条韧性；优化环境，强化产业链韧性发展政策支撑。行业层面则根据其产业链韧性等级从产业链韧性中等以上水平、产业链韧性中等水平以及产业链韧性中等以下水平 3 个层次具体给出各行业提升产业链韧性的建议。

本书以我国 30 个省（区、市）（除港澳台和西藏地区）的制造业产业链系统为研究对象，基于产业链韧性的内涵及其相关测度研究，对制造业产业链系统框架进行理论分析并构建制造业产业链韧性的评价指标体系，以 30 个省（区、市）2011~2020 年的统计数据，运用熵权-TOPSIS 模型和 Stata 15.0 软件测度得出各省综合得分及排名，并采用描述性统计和图表分析了全国整体、四大地区和不同维度的得分情况。进一步以 ArcGIS 10.7 和 GeoDa 1.16 软件对结果进行时空演变分析，首先，通过核密度估计法和变化趋势图探讨了全国整体韧性水平的动态演进特征及不同省域的韧性时序变化趋势；其次，通过自然间断点分级法和探索性空间数据分析方法探讨其空间分异格局和空间关联特征。以上研究主要得出以下结论。

第一，从全国整体、不同区域和不同维度分析我国省域制造业产业链韧性指数及排名结果可以得知，在全国整体层面上，2011~2020 年我国省域制造业产业链的韧性均值不断提高，表明全国整体韧性水平缓慢提升；但均值恒大于中位数，四分位距不断增大，表明韧性处于低值范围的省份数量较多且各省差距不断扩大。分区域来看，全国不同地区呈"东部>中部>东北>西部"且只有东部地区高于全国平均水平的分布情况，中部地区基本与全国平均水平持平，西部和东北地区因产业体制落后、创新生产受限等原因，研发制造和生态治理等维度发展较差，亟待采取有力措施提升产业链韧性水平，释放发展潜力。分维度来看，制造业产业链的内部生产韧性指数呈"起步低、缓增长"的态势，高于内部生产韧性的维度仅有生产加工和产品销售，资源基础和研发制造得分较低，说明制造业产业链生产韧性的缓慢发展主要是由于研发创新水平较低、资源优势不足等；制造业产业链系统的外部适应韧性指数的年均增长率为6.82%，发展略优于内部生产韧性（5.35%），其中经济赋能提升速度最快，社会治理其次，说明全国制造业产业链所处的社会和经济环境较好，然而生态治理指数在"十二五"期间波动上升，从2017年开始处于停滞发展状态，说明制造业面临的生态环境越来越严峻，污染治理和绿色发展任务艰巨。

第二，在时序演变上，首先，通过绘制主要年份的核密度曲线图及其分解图来探究我国省域制造业产业链韧性整体的动态演进趋势，分析得出：①核密度曲线中心不断右移、波峰集中在左侧，表明评价期内我国省域制造业产业链韧性整体水平不断提高，但低韧性地区仍占多数；②曲线波峰的形态和峰值变化表明我国省域制造业产业链韧性内部等级差距不断扩大，地区间收敛性下降；③出现明显"多峰"形态说明我国省域制造业产业链韧性在观测期内出现极化现象；④曲线"右拖尾"特征明显且呈逐年拉长趋势、主峰集中在左侧且远高于其他波峰，说明韧性水平差异逐步扩大且大部分省份韧性水平在低值集聚而极少部分向高值靠拢。其次，通过折线图分析区域整体及具体省份的时序变化趋势，分析得出：东部地区内部韧性水平差异较大，韧性指数一直高于东部均值的省份只有江苏、广东、山东和浙江，除山东有明显下降外，江苏、广东和浙江均呈增长趋势，其余6个省（市）虽有缓慢提升但仍低于东部平均水平，海南处于最末；东北地区内部差异虽不断缩小但增速明显下降，与东部地区差距扩大，韧性水平亟待提升；中部地区制造业产业链韧性总体呈稳定增长趋势，发展较好的第一梯队为河南和安徽，湖北、湖南和江西处于均值附近水平，而山西发展相对较差；西部地区制造业产业链韧性水平在个别年份虽然有所下降但总体发展态势较好，四川和重庆是西部地区制造业产业链韧性发展的排头兵，陕西、内蒙古和广西也都在西部均值水平之上，而云南、贵州、宁夏、新疆和甘肃等韧性较差，也是制约西部地区韧性水平提升的重要原因。

第三，在空间演变上，通过自然间断点分级法分析得出：在等级分布上，属低韧性和高韧性的地区数量均有所增加，而中等韧性的地区数量减少，说明区域差异不断扩大，非均衡状态越发明显；在分布格局上，评价期内我国省域制造业产业链韧性总体呈"西北—东南"由低到高的集中趋势，低韧性及较低韧性分布状态总体占据主导地位，且分布以西部和东北地区为主，高韧性水平主要分布在东部沿海地区，中部则以中等韧性和较高韧性为主。用 GeoDa 1.16 软件进行探索性空间数据分析发现，我国省域制造业产业链韧性存在正向空间相关性，全局 Moran's I 指数在评价期内呈"波动上升—大幅下降—小幅提升"的变化趋势，表明我国省域制造业产业链系统的空间集聚程度并不稳定；局部 LISA 聚类图中主要年份集聚不显著的地区占比始终在 70% 以上且发生变化的省份仅占 20%，说明局部空间集聚程度不高且分布相对稳定，具体而言，"高—高"集聚地区数量先增后减，呈现由东部沿海逐渐向中部内陆地区转移、由片状分布逐渐转为点状分布的特征，"低—低"集聚地区则相对稳定地分布在西部地区并始终保持片状分布，"低—高"集聚范围较小且呈现点状分布特征，分布地区持续变化，"高—低"集聚现象在观测期内并未出现。

首先，本书在对制造业产业链韧性的概念界定及其他学者的研究基础上构建了制造业产业链韧性的综合评价指标体系。其次，基于 OECD 投入产出等数据库提供的各国相应的指标数据，对样本国家制造业产业链韧性进行系统的测度，纵向上明确我国制造业产业链韧性的总体状况及其在时间序列上的发展趋势，横向上与样本国家进行对比分析，了解我国制造业产业链韧性与其他国家相比的相对优势及不足之处。最后，根据实证分析结果对提升我国制造业产业链韧性的有效路径进行探讨。主要得出以下结论。

第一，样本期内，我国制造业产业链韧性指数在样本国家中居首位，美国排在第 2 位；与样本国家相比，我国制造业产业链韧性具有自身的优势，领先于其他样本国家。从时间序列上看，我国制造业产业链韧性指数呈现上升、下降又恢复上升的趋势，样本国家有的总体上呈现上升趋势，有的呈现下降趋势。改革开放以来，我国制造业发展迅速，在短时间内就成为制造业大国，为我国经济的发展做出了重大贡献。不过基于人口红利及资源禀赋的发展模式始终不能长久，随着时间的流逝，我国制造业发展也暴露出了许多弊端，主要表现为制造业"大而不强"、高端核心技术依赖于发达国家、科技创新不足、人口红利及资源禀赋带来的好处逐渐枯竭，国际市场环境严峻。

第二，从抵抗力指数来看，我国制造业产业链抵抗力指数在样本国家中居第 1 位，美国居第 2 位。从时间序列上看，我国制造业产业链抵抗力指数呈现上升、下降又恢复上升的趋势，美国则呈现在波动中下降的趋势，样本中其他国家有的总体上呈现上升趋势，有的呈现下降趋势。我国制造业产业链抵抗力具有良好的自身优势，须进一步强化既有的抵抗力优势，提升整体产业链韧性。

第三，从恢复力指数来看，美国制造业产业链恢复力指数在样本国家中居第 1 位，我国居第 2 位。从时间序列上看，我国制造业产业链恢复力指数呈现上升、下降又恢复上升的趋势，美国除了 2018 年有小幅下降外，其余年份均保持持续上升的趋势。美国 2018 年制造业产业链恢复力指数为 0.0413，而我国仅为 0.0286，我国制造业产业链在应对突发冲击时系统的恢复能力与美国相比还存在较大的差距,应着重增强我国制造业产业链在遭遇突发危机时的恢复能力。

第四,从适应力指数来看,我国制造业产业链适应力指数在样本国家中居第 1 位,美国居第 2 位。从时间序列上看,我国制造业产业链适应力指数整体呈现上升趋势,美国则呈现先下降、后上升又持续下降的趋势。我国制造业产业链适应力具有良好的自身优势,须进一步强化既有的适应力优势,提升我国制造业整体产业链韧性。

第五,从增长力指数来看,我国制造业产业链增长力指数在样本国家中居第 19 位,韩国居第 1 位。从时间序列上看,我国制造业产业链增长力指数在 2012~2017 年基本保持平稳状态,2018 年突然出现较大幅度的下降,在样本国家中居第 1 位的韩国也是这样,样本中多数国家呈现这样的趋势,究其原因则是中美贸易摩擦对世界经济产生了深刻影响。我国制造业产业链的增长力与其他制造强国相比仍存在较大的差距,需要更加注重制造业产业链增长力的问题。

第二节 研究不足与展望

在制造业各细分行业产业链韧性研究方面,本书探索性地测度了我国制造业细分行业的产业链韧性,并从整体和行业两个层面有针对性地提出了产业链韧性的提升路径,但受投入产出表的特殊性、时间滞后性及研究对象范围较广等限制,数据获取存在一定难度,研究还存在一些不足之处,可以从以下几个方面加强研究。

第一,因现有产业链韧性的实证研究相对匮乏,本书基于产业链韧性的内涵,借鉴区域经济韧性的测度方法与指标,构建了产业链韧性的理论分析框架,但测度方法值得后续深入研究。此外,囿于数据的可获得性,本书实际使用的制造业细分行业数据在研究区间上存在一定的局限性。在数据处理过程中,本书剔除了部分难以获取的指标，部分指标也根据前后年份的平均增长率插值补齐，可能导致数据结果上有小范围的偏差，后续研究可及时跟踪数据更新情况，探索更加科学的指标体系和数据处理方法，提高结论的真实可靠性。

第二，完善产业链韧性的统计测度研究。本书从微观角度出发，研究了我国制造业各行业的产业链韧性水平。后续研究也可从宏观层面展开，如省域和国际层面，从不同层面分析我国制造业产业链韧性表现，对重点区域重点行业的产业链韧性的演化特征要重点关注。

第三，挖掘影响产业链韧性的影响因素，并进一步探讨各因素影响产业链韧性的作用方向及程度。本书初步构建了产业链韧性的分析框架，未来的研究可借助复杂网络理论和相关分析工具进一步研究产业网络结构与产业链韧性强弱的关系，分析同一区域不同行业以及不同区域不同行业的产业链网络结构特征与地位。将来也可借助仿真软件，模拟不同节点间链接中断对整个产业链网络结构的影响，进一步理解产业链韧性的演化机理及过程。

在省域制造业产业链韧性分析方面，本书针对我国省域制造业产业链韧性进行测度分析并形成相关结论，但受指标和数据限制，研究仍存在诸多不足，可进一步从以下几点来进行完善。

第一，在评价指标的选择与优化方面，现有研究对制造业产业链韧性的定义内涵和测度分析都仍处于摸索阶段，尚未形成"理论分析—实证检验—路径选择"的规范化研究体系，本书从内外部分析制造业产业链系统要素并选取代表性指标构建评价体系，指标的全面性和科学性仍需进一步检验。

第二，在数据选取和处理方面，一是本书采用的是2011~2020年的原始数据，并未更新到最新年份；二是考虑到不同省份指标数据的统计差异和难以获取，部分指标选用了规模以上工业企业数据替代，并且针对个别年份数据缺失情况以线性插值方法补齐，有可能导致分析结果存在小幅偏差。在后续研究中针对指标数据处理的问题需继续探索，提升结果精准性和科学性。

第三，在研究视域和研究方法方面，一是本书以省级区域的制造业为研究主体，缺乏对省域细分行业的关联程度和韧性分析，未来应聚焦某一经济区或某个具体省份，深入分析其制造业内部各行业产业链的韧性特征和差异情况；二是本书仅对测度结果进行了时空演化特征分析，并未具体分析各个指标因素对不同地区制造业产业链韧性的影响程度，这也导致本书的政策建议缺乏具体针对性，未来将通过引入地理探测器和障碍因素模型对不同指标的影响程度进行进一步的分析，并针对不同地区提出更优、更具体的指导建议。

在全球价值链视角下我国制造业产业链韧性评估方面，由于官方发布的国家间投入产出表数据只更新到了 2018 年，故本书只能以 2018 年为结束年进行分析，对我国制造业产业链韧性最新的发展分析还需进一步开展。同时，本书在构建制造业产业链韧性指标体系的过程中，基于其他学者的研究从抵抗力、恢复力、适应力和增长力四个维度构建了综合评价指标体系，但是受到数据可获得性等影响，综合评价指标体系的构建不够完善、全面。如何更加全面、完善地构建制造业产业链韧性指标体系，使得测度结果更加科学合理是我们下一步的研究方向。并且本书选择的样本国家为 OECD 中 34 个国家及金砖五国共 39 个国家，样本国家的数量也有限，对其他国家制造业产业链韧性的测度也是我们下一步的研究方向。另外，全球化背景下世界各国都或多或少地参与了全球价值链分工，且目前全球经济形势严峻，各国经济发展都面临前所未有的挑战，而作为一国国民经济主体的制造业也面临巨大的挑战。因此，从全球价值链面临的不确定性和挑战视角分析制造业产业链的韧性水平，从而探讨我国制造业应对突发冲击时的抵抗能力、恢复能力、适应能力和增长能力，分析提升制造业产业链韧性的路径对策，促进制造业高质量发展，是值得深入研究的课题。

参考文献

白立敏，修春亮，冯兴华，等.2019.中国城市韧性综合评估及其时空分异特征［J］.世界地理研究，28（6）：77-87.

白玫.2022.韩国产业链供应链政策变化及其影响研究［J］.价格理论与实践，（1）：54-60+106.

暴向平，张学波.2021.内蒙古经济韧性时空演化与影响因素分析［J］.资源开发与市场，37（9）：1059-1065.

边伟军，董琪，于龙振，等.2022.制造业产业基础能力的内涵、维度及量表开发——以轨道交通装备制造业为例［J］.科技进步与对策，39（12）：62-72.

蔡乌赶，许凤茹.2021.中国制造业产业链现代化水平的测度［J］.统计与决策，37（21）：108-112.

蔡咏梅，李新英，孟令伟.2022.基于正态云模型的区域经济韧性评价与实证［J］.统计与决策，38（6）：55-59.

曹德，贺正楚，张嘉欣，等.2020.轨道交通产业全产业链的韧性-脆弱性研究［J］.经济数学，37（3）：16-26.

陈传明，张敏.2005.企业文化的刚性特征：分析与测度［J］.管理世界，（6）：101-106+172.

陈丛波，叶阿忠.2021.数字经济、创新能力与区域经济韧性［J］.统计与决策，37（17）：10-15.

陈曦，朱建华，李国平.2018.中国制造业产业间协同集聚的区域差异及其影响因素［J］．经济地理，38（12）：104-110．

陈晓东，刘洋，周柯．2022．数字经济提升我国产业链韧性的路径研究［J］．经济体制改革，（1）：95-102．

陈晓华，刘慧．2018．制造业出口技术复杂度升级提高了中国资本回报率吗？［J］．商业经济与管理，（4）：81-96．

陈奕玮，吴维库．2021．产业集聚、产业多样化与城市经济韧性关系研究［J］．科技进步与对策，38（18）：64-73．

程广斌，靳瑶．2022．创新能力提升是否能够增强城市经济韧性？［J］．现代经济探讨，（2）：1-11+32．

程翔，杨宜，王泽然，等．2020．民营经济韧性的评价体系构建与应用［J］．北京联合大学学报（人文社会科学版），18（3）：79-88．

崔耕瑞．2021．数字金融能否提升中国经济韧性［J］．山西财经大学学报，43（12）：29-41．

崔静，何太碧，康濛，等．2016．汽车后市场产业链稳定性研究［J］．商业经济研究，（10）：198-200．

崔兆杰，滕立臻，张凯，等．2009．循环经济产业链柔性评价指标体系研究［J］．改革与战略，25（1）：163-165+195．

戴文娇，曹建海．2021．商贸流通产业链识别及发展效率评价［J］．商业经济研究，（15）：15-17．

丁建军，王璋，柳艳红，等．2020．中国连片特困区经济韧性测度及影响因素分析［J］．地理科学进展，39（6）：924-937．

丁月婷，聂锐，高凯．2019．韧性理论在能源系统问题研究中的应用综述［J］．科技管理研究，39（24）：225-233．

段浩．2020．新冠疫情对我国产业链韧性的压力测试及应对举措［J］．中国工业和信息化，（3）：94-96．

范纯增，姜虹．2002．中国外贸产业国际竞争力结构优化研究［J］．经济管理，（2）：25-30．

冯苑, 聂长飞, 张东. 2020. 中国城市群经济韧性的测度与分析——基于经济韧性的 shift-share 分解 [J]. 上海经济研究, (5): 60-72.

高洪玮. 2023. 中国式现代化与产业链韧性: 历史逻辑、理论基础与对策建议 [J]. 当代经济管理, 45 (4): 11-19.

关皓明, 张平宇, 刘文新, 等. 2018. 基于演化弹性理论的中国老工业城市经济转型过程比较 [J]. 地理学报, 73 (4): 771-783.

郭将, 许泽庆. 2019. 产业相关多样性对区域经济韧性的影响——地区创新水平的门槛效应 [J]. 科技进步与对策, 36 (13): 39-47.

韩爱华, 李梦莲, 高子桓. 2021. 疫情冲击下经济韧性测度及影响因素分析 [J]. 统计与决策, 37 (18): 85-89.

韩增林, 朱文超, 李博. 2022. 中国海洋渔业经济韧性与效率协同演化研究 [J]. 地理研究, 41 (2): 406-419.

何亚莉, 杨肃昌. 2021. "双循环"场景下农业产业链韧性锻铸研究 [J]. 农业经济问题, (10): 78-89.

何郁冰, 韩秋敏, 曾益. 2019. 自主创新对于中国制造业国际竞争力的影响 [J]. 科研管理, 40 (7): 33-46.

贺程. 2021. 提高企业核心竞争力是保持产业链韧性的关键 [J]. 国资报告, (6): 94-95.

贺正楚, 曹德, 潘红玉, 等. 2020. 全产业链发展状况的评价指标体系构建 [J]. 统计与决策, 36 (18): 163-166.

洪俊杰, 商辉. 2019. 中国开放型经济的"共轭环流论": 理论与证据 [J]. 中国社会科学, (1): 42-64+205.

洪银兴, 李文辉. 2022. 基于新发展格局的产业链现代化 [J]. 马克思主义与现实, (1): 119-125+204.

侯俊东, 肖人彬, 吕军. 2013. 地质灾害系统的经济弹性及其结构研究 [J]. 灾害学, 28 (3): 11-15+190.

胡黎明，赵瑞霞.2017.产业集群式转移整合区域产业链的机理研究［J］.统计与决策，（19）：56-59.

胡志强，苗长虹，熊雪蕾，等.2021.产业集聚对黄河流域工业韧性的影响研究［J］.地理科学，41（5）：824-831.

黄常锋，孙慧，何伦志.2011.中国旅游产业链的识别研究［J］.旅游学刊，26（1）：18-24.

黄利秀，张华忠.2018.产业经济学［M］.西安电子科技大学出版社.

黄庆华，胡梦佳.2021.成渝地区双城经济圈产业关联演化格局分析［J］.中南大学学报（社会科学版），27（6）：119-135.

黄群慧，倪红福.2020.基于价值链理论的产业基础能力与产业链水平提升研究［J］.经济体制改革，（5）：11-21.

黄顺春，张书齐.2021.中国制造业高质量发展评价指标体系研究综述［J］.统计与决策，37（2）：5-9.

黄智.2021.高质量发展视角下中国制造业出口竞争力研究［D］.广西大学.

霍春辉，张兴瑞.2016.全球价值链分工双面效应下的中国制造产业升级［J］.经济问题，（3）：67-71.

金碚.2021.以自主可控能力保持产业链供应链安全稳定［J］.中国经济评论，（2）：14-16.

金钰莹，叶广宇，彭说龙.2020.中国制造业与服务业全球价值链地位GVC指数测算［J］.统计与决策，36（18）：95-98.

静远.2019.基于产业关联度的巴马旅游产业链优化研究［D］.北京交通大学.

康琼幻.2021.长江经济带制造业高质量发展评价研究［D］.江西财经大学.

孔凡文，张旭，都一丹.2018.沈阳市现代建筑产业链稳定性综合评价分析［J］.建筑经济，39（4）：103-106.

孔玉丹，刘家国，余乐安．2024．基于CH-DEA模型的中国制造业产业安全研究［J］．系统管理学报，33（1）：90-103．

雷广海，刘友兆，陆效平．2009．江苏省13城市土地利用集约度时空变异及驱动因素［J］．长江流域资源与环境，18（1）：7-13．

李菲，秦升．2007．中国制造业国际竞争力的显示性指标分析［J］．统计与决策，（6）：80-82．

李鹤，张平宇，程叶青．2008．脆弱性的概念及其评价方法［J］．地理科学进展，（2）：18-25．

李连刚，张平宇，程钰，等．2022．黄河流域经济韧性时空演变与影响因素研究［J］．地理科学，42（4）：557-567．

李连刚，张平宇，谭俊涛，等．2019．韧性概念演变与区域经济韧性研究进展［J］．人文地理，34（2）：1-7+151．

李连刚，张平宇，王成新，等．2021．区域经济韧性视角下老工业基地经济转型过程——以辽宁省为例［J］．地理科学，41（10）：1742-1750．

李廉水，杨浩昌，刘军．2014．我国区域制造业综合发展能力评价研究——基于东、中、西部制造业的实证分析［J］．中国软科学，（2）：121-129．

李萌，何宇，潘家华．2022．"双碳"目标、碳税政策与中国制造业产业链韧性［J］．中国人口·资源与环境，32（9）：22-34．

李善同，钟思斌，1998．我国产业关联和产业结构变化的特点分析［J］．管理世界，（3）：61-68．

李胜会，戎芳毅．2022a．产业链现代化的渐进逻辑：破解锁定与韧性提升［J］．广东社会科学，（5）：37-47．

李胜会，戎芳毅．2022b．知识产权治理如何提升产业链韧性？——基于国家知识产权示范城市政策的实证检验［J］．暨南学报（哲学社会科学版），44（5）：92-107．

李雪，刘传江．2020．新冠疫情下中国产业链的风险、重构及现代化［J］. 经济评论，（4）：55-61.

李艳双，于树江，王军花. 2008. 生态产业链稳定性因素分析及管理对策研究［J］. 河北工业大学学报，（5）：48-53.

李优树，冉丹. 2021. 石油产业链贸易网络及其影响因素研究——以"一带一路"沿线国家为例［J］. 经济问题，（9）：111-118.

李政，王思霓. 2021. 国有企业提升产业链现代化水平的理论逻辑与实现路径［J］. 学习与探索，（8）：112-120.

廉倩文. 2021. 中国省域旅游产业生态系统韧性的空间格局、障碍因素及优化策略研究［D］. 山西财经大学.

梁树广，张芃芃，臧文嘉. 2022. 山东省制造业产业链创新链资金链的耦合协调度研究［J］. 科技管理研究，42（17）：47-56.

廖涵，胡晓蕾，刘素倩. 2021. 不利外部冲击下我国供应链韧性分析［J］. 企业经济，40（10）：50-59.

刘贵富. 2007. 产业链的基本内涵研究［J］. 工业技术经济，(8)：92-96.

刘国巍，邵云飞，阳正义. 2019. 网络的网络视角下新能源汽车产业链创新系统协同评价——基于复合系统协调度和脆弱性的整合分析［J］. 技术经济，38（6）：8-18.

刘佳骏，李晓华. 2021. 中国制造业对外直接投资对产业链现代化的影响及应对［J］. 经济纵横，（12）：58-66.

刘坤. 2022. 我国制造业发展实现历史性跨越［N］. 光明日报，07-27.

刘雷，高省，崔兆杰. 2009. 制浆造纸循环经济产业链生态稳定性评价［J］. 中国造纸，28（10）：45-49.

刘烈宏，陈治亚. 2017. 电子信息产业链竞争力评价模型构建及分析——基于 SEM 和 FAHP 方法［J］. 世界经济与政治论坛，（1）：153-169.

刘起运. 2002. 关于投入产出系数结构分析方法的研究［J］. 统

计研究，（2）：40-42.

刘瑞，张伟静.2021.空间集聚能否提升中国制造业韧性——基于产业适应性结构调整的视角［J］.当代财经，（11）：16-27.

刘彦平.2021.城市韧性系统发展测度——基于中国288个城市的实证研究［J］.城市发展研究，28（6）：93-100.

刘逸，纪捷韩，张一帆，等.2020.粤港澳大湾区经济韧性的特征与空间差异研究［J］.地理研究，39（9）：2029-2043.

刘月，郭亚红.2022.数字经济、产业链韧性与流通业高质量发展［J］.商业经济研究，（19）：176-179.

刘志彪.2020.产业链现代化的产业经济学分析［J］.经济研究参考，（2）：97-105.

刘志彪，张杰.2009.从融入全球价值链到构建国家价值链：中国产业升级的战略思考［J］.学术月刊，41（9）：59-68.

刘志迎，赵倩.2009.产业链概念、分类及形成机理研究述评［J］.工业技术经济，28（10）：51-55.

龙瑜清，汤晓军.2021.双循环下我国高技术产业链发展影响因素及应对思路［J］.国际贸易，（12）：50-59.

卢泓钢，郑家喜，陈池波，等.2022.湖北省畜牧业高质量发展水平评价及其耦合协调性研究——基于产业链的视角［J］.中国农业资源与区划，43（5）：251-261.

鲁飞宇，殷为华，刘楠楠.2021.长三角城市群工业韧性的时空演变及影响因素研究［J］.世界地理研究，30（3）：589-600.

吕岩威.2014.中国工业产业集群辨识、评估及其产业链演变研究［J］.科学学与科学技术管理，35（10）：64-76.

罗黎平.2018.协同治理视角下的产业集群韧性提升研究［J］.求索，（6）：43-50.

罗仲伟，孟艳华.2020."十四五"时期区域产业基础高级化和产业链现代化［J］.区域经济评论，（1）：32-38.

马风涛.2019.中国制造业全球价值链长度统计指标研究［M］.经济管理出版社.

马慧强,廉倩文,论宇超,等.2019.基于BP神经网络的旅游经济系统脆弱性省际空间分异［J］.资源科学,41（12）:2248-2261.

马一德.2021.强化科技创新和产业链供应链韧性［J］.北京观察,（11）:52-53.

毛冰.2022.中国产业链现代化水平指标体系构建与综合测度［J］.经济体制改革,（2）:114-120.

毛蕴诗,Korabayev Rustem,韦振锋.2020.绿色全产业链评价指标体系构建与经验证据［J］.中山大学学报（社会科学版）,60（2）:185-195.

孟丽君,黄灿,陈鑫,等.2019.曲周县耕地利用系统韧性评价［J］.资源科学,41（10）:1949-1958.

宁朝山.2020.中国区域制造业质量差异及其收敛性——基于空间计量模型的实证［J］.统计与决策,36（23）:98-101.

彭坤杰,贺小荣,许春晓,等.2022.长江经济带旅游-经济-生态系统脆弱性的时空演变特征［J］.统计与决策,38（14）:90-94.

彭荣熙,刘涛,曹广忠.2021.中国东部沿海地区城市经济韧性的空间差异及其产业结构解释［J］.地理研究,40（6）:1732-1748.

秦海林.2020.经济高质量发展亟须增强产业链弹性［J］.红旗文稿,（12）:25-26.

沈蕾,常瑞雪,谢永琴.2022.5G背景下中国制造业升级的动力机制［J］.科技管理研究,42（2）:119-128.

盛朝迅.2019.推进我国产业链现代化的思路与方略［J］.改革,（10）:45-56.

盛朝迅.2021.新发展格局下推动产业链供应链安全稳定发展的思路与策略［J］.改革,（2）:1-13.

史丹,李鹏.2019.中国工业70年发展质量演进及其现状评价

[J]．中国工业经济，(9)：5-23．

司增绰．2014．我国商贸流通业产业链识别与优化研究 [J]．江海学刊，(5)：85-91．

宋华，杨雨东．2022．中国产业链供应链现代化的内涵与发展路径探析 [J]．中国人民大学学报，36(1)：120-134．

苏东水．2000．产业经济学 [M]．高等教育出版社．

苏任刚，赵湘莲．2020．制造业发展、创业活力与城市经济韧性 [J]．财经科学，(9)：79-92．

苏永伟．2020．中部地区制造业高质量发展评价研究——基于2007-2018年的数据分析 [J]．经济问题，(9)：85-91+117．

孙慧，原伟鹏．2020．西部地区经济韧性与经济高质量发展的关系研究 [J]．区域经济评论，(5)：23-35．

孙久文，孙翔宇．2017．区域经济韧性研究进展和在中国应用的探索 [J]．经济地理，37(10)：1-9．

孙盼盼，戴学锋．2014．中国区域旅游经济差异的空间统计分析 [J]．旅游科学，28(2)：35-48．

孙亚南，尤晓彤．2021．城市韧性的水平测度及其时空演化规律——以江苏省为例 [J]．南京社会科学，(7)：31-40+48．

孙禹，赵树宽．2022．基于贸易附加值测算的我国制造业国际竞争力研究 [J]．经济问题探索，(5)：161-168．

谭俊涛，赵宏波，刘文新，等．2020．中国区域经济韧性特征与影响因素分析 [J]．地理科学，40(2)：173-181．

唐珏岚．2021．完善国家物资储备体系对畅通国民经济循环意义重大 [J]．人民论坛·学术前沿，(5)：52-58．

佟明亮．2021．消费结构升级对经济韧性的影响——基于动态GMM面板的实证分析 [J]．商业经济研究，(15)：40-43．

汪辉，徐蕴雪，卢思琪，等．2017．恢复力、弹性或韧性？——社会——生态系统及其相关研究领域中"Resilience"一词翻译之辨析［J］. 国际城市规划，32（4）：29-39.

王彩丽，闫绪娴. 2022. 中国乡村韧性时空分异及障碍因子诊断［J］. 经济问题，(10)：91-97.

王传刚. 2020. 基于全球价值链的中国制造业发展现状及未来策略研究［J］. 对外经济贸易大学.

王芳. 2020. 区域金融系统韧性评价研究［D］. 长春工业大学.

王静. 2021. 提升产业链供应链现代化水平的共融路径研究［J］. 中南财经政法大学学报，(3)：144-156.

王莉莉，肖雯雯. 2016. 基于投入产出模型的中国海洋产业关联及海陆产业联动发展分析［J］. 经济地理，36（1）：113-119.

王玲俊，王英. 2016. 基于云模型的装备制造业产业链风险评价［J］. 技术经济，35（2）：80-87.

王鹏，钟敏. 2021. 危机冲击下产业集群韧性演化与提升路径研究［J］. 经济社会体制比较，(6)：76-88.

王倩，赵林，于伟，等. 2020. 中国旅游经济系统韧性的时空变化特征与影响因素分析［J］. 地理与地理信息科学，36（6）：113-118.

王瑞荣，陈晓华. 2022. 数字经济助推制造业高质量发展的动力机制与实证检验——来自浙江的考察［J］. 系统工程，40（1）：1-13.

王亚楠，黄安，高阳，等. 2021. 万年县乡村地域系统韧性评价及其空间分异格局［J］. 水土保持研究，28（6）：209-216+225.

王永兴，景维民. 2014. 中国地下经济的区域发展分化：基于多指标面板数据的聚类分析检验［J］. 南开经济研究，(6)：44-57.

王泽宇，唐云清，韩增林，等. 2022. 中国沿海省份海洋船舶产业链韧性测度及其影响因素［J］. 经济地理，42（7）：117-125.

魏婕，杜欣娱，任保平. 2021. 中国产业基础能力的时空演变格局——产业现代化视角的产业基础能力评价与分析［J］. 西部论坛，

31（6）：49-66.

魏然.2010.产业链的理论渊源与研究现状综述［J］.技术经济与管理研究,（6）：140-143.

吴忠涛,张丹,龚艳.2014.西安高新区战略性新兴产业创新能力评价研究［J］.统计与信息论坛,29（11）：84-90.

吴孔明,毛世平,谢玲红,等.2022.新阶段农业产业竞争力提升战略研究——基于产业安全视角［J］.中国工程科学,24（1）：83-92.

武杰,李丹.2021.贸易便利化与中国全球价值链地位攀升——基于服务要素投入视角的分析［J］.技术经济与管理研究,（10）：92-97.

武永超.2021.智慧城市建设能够提升城市韧性吗？——一项准自然实验［J］.公共行政评论,14（4）：25-44+196.

肖翠仙.2021.中国城市韧性综合评价研究［D］.江西财经大学.

肖兴志,李少林.2022.大变局下的产业链韧性：生成逻辑、实践关切与政策取向［J］.改革,（11）：1-14.

谢莉娟,王晓东,张昊.2016.产业链视角下的国有企业效率实现机制——基于消费品行业的多案例诠释［J］.管理世界,（4）：150-167.

解星.2019.资源枯竭型城市社会生态系统韧性评价及提升策略［D］.华中科技大学.

徐漱.2021.内循环背景下出口依存型产业链的识别、特征与承压测试［J］.经济学家,（2）：23-32.

徐圆,张林玲.2019.中国城市的经济韧性及由来：产业结构多样化视角［J］.财贸经济,40（7）：110-126.

徐媛媛,王琛.2017.金融危机背景下区域经济弹性的影响因素——以浙江省和江苏省为例［J］.地理科学进展,36（8）：

986-994.

杨翠红，田开兰，高翔，等.2020.全球价值链研究综述及前景展望[J].系统工程理论与实践，40（8）：1961-1976.

杨飞，马超，方华军.2019.脆弱性研究进展：从理论研究到综合实践[J].生态学报，39（2）：441-453.

杨年芳，严奉宪.2011.基于复杂系统的柑橘产业链脆弱性研究[J].浙江农业学报，23（1）：164-169.

杨勇.2019.全球价值链要素收入与中国制造业竞争力研究[J].统计研究，36（12）：5-14.

叶作义，张鸿，下田充，等.2015.全球价值链下国际分工结构的变化——基于世界投入产出表的研究[J].世界经济研究，（1）：56-64+128.

殷为华.2019.长三角城市群工业韧性综合评价及其空间演化研究[J].学术论坛，42（5）：124-132.

于伟，张鹏.2019.中国农业发展韧性时空分异特征及影响因素研究[J].地理与地理信息科学，35（1）：102-108.

俞国军，贺灿飞，朱晟君.2020.产业集群韧性：技术创新、关系治理与市场多元化[J].地理研究，39（6）：1343-1356.

俞荣建.2010.基于共同演化范式的代工企业GVC升级机理研究与代工策略启示——基于二元关系的视角[J].中国工业经济，（2）：16-25.

曾冰.2021.新冠肺炎疫情冲击下中国省域经济韧性发展评价[J].工业技术经济，40（7）：127-133.

张虎，张毅，韩爱华.2022.我国产业链现代化的测度研究[J].统计研究，39（11）：3-18.

张辉.2006.全球价值链动力机制与产业发展策略[J].中国工业经济，（1）：40-48.

张惠璇，刘青，李贵才.2017."刚性·弹性·韧性"——深圳市创新型产业的空间规划演进与思考［J］. 国际城市规划，32（3）：130-136.

张明斗，冯晓青. 2018. 中国城市韧性度综合评价［J］. 城市问题，（10）：27-36.

张明斗，霍琪炜. 2022. 特大城市产业链韧性的多维度分解与提升机制研究——基于韧性理论的思考［J］. 宁夏大学学报（人文社会科学版），44（1）：68-74.

张婷婷. 2018. 长三角区域经济韧性的时空演化及对策研究［D］. 南京师范大学.

张樨樨，曹正旭. 2022. 长江经济带工业生态效率时空演变及影响因素分析［J］. 长江流域资源与环境，31（3）：493-502.

张学超. 2022. 金融集聚、创新能力与城市经济韧性［J］. 技术经济与管理研究，（6）：47-51.

张煜. 2022. 强化科技创新 让产业链供应链更"韧"性［J］. 中国工业和信息化，（1）：88-91.

张志明，耿景珠，杨攻研，等. 2022. 国际疫情蔓延、全球产业链传导与中国产业链稳定［J］. 国际经贸探索，38（2）：51-65.

赵驰，戴阳晨. 2021. 绿色贸易壁垒抑制了发展中国家的产业安全吗？——中国制造业产业的视角［J］. 经济问题探索，（12）：83-103.

赵巧芝，闫庆友. 2017. 中国产业关联网络的结构特征研究［J］. 统计与决策，（15）：104-108.

赵涛，张智，梁上坤. 2020. 数字经济、创业活跃度与高质量发展——来自中国城市的经验证据［J］. 管理世界，36（10）：65-76.

郑大庆，张赞，于俊府. 2011. 产业链整合理论探讨［J］. 科技进步与对策，28（2）：64-68.

郑涛，杨如雪. 2022. 高技术制造业的技术创新、产业升级与产业韧性［J］. 技术经济，41（2）：1-14.

中国社会科学院工业经济研究所课题组.2021.提升产业链供应链现代化水平路径研究［J］.中国工业经济，（2）：80-97.

周曙东，韩纪琴，葛继红，等.2021.以国内大循环为主体的国内国际双循环战略的理论探索［J］.南京农业大学学报（社会科学版），21（3）：22-29.

朱华友，李娜，庄远红，等.2021.危机冲击下长三角地区电子信息产业集群韧性特征及其影响因素［J］.地理研究，40（12）：3420-3436.

朱金鹤，孙红雪.2021.数字经济是否提升了城市经济韧性？［J］.现代经济探讨，（10）：1-13.

朱正威.2021.海绵城市的实践探索与韧性治理［J］.人民论坛，（32）：74-77.

邹国伟，刘艳，李文秀.2021.中国制造业的产业链竞争力研究——基于全球生产网络背景［J］.东岳论丛，42（7）：148-157+192.

邹薇.1999.关于中国国际竞争力的实证测度与理论研究［J］.经济评论，（5）：27-32.

Bergeijk P, Brakman S, Marrewijk C. 2017. Heterogeneous economic resilience and the great recession's world trade collapse［J］. Papers in Regional Science, 96（1）：3-13.

Boschma R. 2015. Towards an evolutionary perspective on regional resilience［J］. Regional Studies, 49（5）：733-751.

Briguglio L, Cordina G, Farrugia N, et al. 2009. Economic vulnerability and resilience: Concepts and measurements［J］. Oxford Development Studies, 37（3）：229-247.

Di Caro P. 2015. Recessions, recoveries and regional resilience: Evidence on Italy［J］. Cambridge Journal of Regions, Economy and Society, 8（2）：273-291.

Faggian A, Gemmiti R, Jaquet T, et al. 2018. Regional economic resilience: The experience of the Italian local labor systems [J]. The Annals of Regional Science, 60 (2): 393-410.

Fally T, Hillberry R. 2013. Quantifying upstreamness in East Asia: Insights from a Coasian model of production staging [J].

Folke C. 2006. Resilience: The emergence of a perspective for social-ecological systems analyses [J]. Global Environment Change, 16 (3): 253-267.

Gereffi G, Humphrey J, Sturgeon T. 2005. The governance of global value chains [J]. Review of International Political Economy, 12 (1): 78-104.

Gereffi G, Korzeniewicz M. 1994. Commodity Chains and Global Capitalism [M]. Greenwood Publishing Group.

Hammer M, Champy J. 2007. Reengineering the Corporation [M]. Bloomsbury Business Library-Management Library.

Hirschman A O. 1958. The Strategy of Economic Development [M]. Yale University Press.

Holling C S. 1973. Resilience and stability of ecological systems [J]. Annual Review of Ecological Systems, 4 (1): 1-23.

Holling C S. 1996. Engineering resilience versus ecological resilience [A] //Schulze P C. Engineering within Ecological Constraints [M]. Washington, D. C.: National Academy Press, pp. 31-44.

Holling C S, Gunderson L H. 2002. Resilience and adaptive cycles [A] //Gunderson L H, Holling C S. Panarchy: Understanding Transformations in Human and Natural Systems [M]. Washington, D. C.: Island Press, pp. 25-62.

Humphrey J, Schmitz H. 2002. How does insertion in global value chains affect upgrading in industrial clusters? [J]. Regional Studies, 36

(9): 1017-1027.

Jenks G F. 1963. Generalization in statistical mapping [J]. Annals of the Association of American Geographers, 53 (1): 15-26.

Jia L Y. 2019. Thoughts on the evolution rule of China's manufacturing industry in the past 40 years of reform and opening up and strategic adjustment in the new era [J]. Journal of Innovation and Social Science Research, 6 (9): 136.

Koopman R, Powers W, Wang Z, et al. 2010. Give credit where credit is due: Tracing value added in global production chains [R]. National Bureau of Economic Research.

Krugman P. 1995. Increasing returns, imperfect competition and the positive theory of international trade [J]. Handbook of International Economics, 3: 1243-1277.

Lagravinese R. 2015. Economic crisis and rising gaps North-South: Evidence from the Italian regions [J]. Cambridge Journal of Regions, Economy and Society, 8 (2): 331-342.

Lund-Thomsen P, Lindgreen A. 2014. Corporate social responsibility in global value chains: Where are we now and where are we going? [J]. Journal of Business Ethics, 123 (1): 11-22.

Mahoney J T, Pandian J R. 1992. The resource-based view within the conversation of strategic management [J]. Strategic Management Journal, 15 (5): 363-380.

Martin R. 2012. Regional economic resilience, hysteresis and recessionary shocks [J]. Journal of Economic Geography, 12 (1): 1-32.

Martin R, Sunley P. 2015. On the notion of regional economic resilience: Conceptualization and explanation [J]. Journal of Economic Geography, 15 (1): 1-42.

Martin R, Sunley P, Gardiner B, et al. 2016. How regions react to recessions: Resilience and the role of economic structure [J]. Regional Studies, 50 (4): 561-585.

Oliva S, Lazzeretti L. 2018. Measuring the economic resilience of natural disasters: An analysis of major earthquakes in Japan [J]. City, Culture and Society, 15: 53-59.

Oprea F, Onofrei M, Lupu D, et al. 2020. The determinants of economic resilience. The case of Eastern European regions [J]. Sustainability, 12 (10): 1-11.

Porter M E. 1985a. Technology and competitive advantage [J]. Journal of Business Strategy, 5 (3): 60-78.

Porter M E. 1985b. Competitive Advantage, Creating and Sustaining Superior Performance [M]. New York: The Free Press.

Reggiani A, De Graaff T, Nijkamp P. 2002. Resilience: An evolutionary approach to spatial economic systems [J]. Networks and Spatial Economics, 2 (2): 211-229.

Rizzi P, Graziano P, Dallara A. 2018. A capacity approach to territorial resilience: The case of European regions [J]. The Annals of Regional Science, 60 (2): 285-328.

Sala-i-Martin X. 2006. The world distribution of income: Falling poverty and convergence, period [J]. Quarterly Journal of Economics, 121 (2): 351-397.

Schmitz H. 2004. Local upgrading in global chains: Recent findings [J]. Institute of Development Studies, Sussex, 6: 2-7.

Shao L, Yu X, Feng C. 2019. Evaluating the eco-efficiency of China's industrial sectors: A two-stage network data envelopment analysis [J]. Journal of Environmental Management, 247: 551-560.

Simmie J, Martin R. 2010. The economic resilience of regions: Towards an evolutionary approach [J]. Cambridge Journal of Regions, Economy and Society, 3 (1): 27-43.

Susman E J, Dockray S, Granger D A, et al. 2010. Cortisol and alpha amylase reactivity and timing of puberty: Vulnerabilities for antisocial behavior in young adolescents [J]. Psychoneuroendocrinology, 35 (4): 557-569.

Tsiakis P, Shah N, Pantelides C. 2001. Design of multi-echelon supply chain networks under demand uncertainty [J]. Industrial & Engineering Chemistry Research, 40 (16): 3585-3604.

Wang Z, Wei S J, Yu X, et al. 2017a. Measures of participation in global value chains and global business cycles [R]. National Bureau of Economic Research.

Wang Z, Wei S J, Yu X, et al. 2017b. Characterizing global value chains: Production length and upstreamness [R]. National Bureau of Economic Research.

Wang Z, Wei S J, Zhu K F. 2013. Quantifying international production sharing at the bilateral and sector levels [R]. NBER Working Paper, No. 19677.

Wang Z, Wei W. 2021. Regional economic resilience in China: Measurement and determinants [J]. Regional Studies, 55 (7): 1228-1239.

Williamson O E. 1981. The economics of organization: The transaction cost approach [J]. American Journal of Sociology, 87 (3): 548-577.

图书在版编目(CIP)数据

产业链韧性：基于中国制造业的统计测度／曾绍伦，
张顿著．--北京：社会科学文献出版社，2024.8.
ISBN 978-7-5228-3877-9

Ⅰ.F426.4

中国国家版本馆 CIP 数据核字第 2024MC8529 号

产业链韧性：基于中国制造业的统计测度

著　　者／曾绍伦　张　顿

出 版 人／冀祥德
组稿编辑／恽　薇
责任编辑／冯咏梅
文稿编辑／陈丽丽
责任印制／王京美

出　　版／社会科学文献出版社·经济与管理分社（010）59367226
　　　　　　地址：北京市北三环中路甲29号院华龙大厦　邮编：100029
　　　　　　网址：www.ssap.com.cn
发　　行／社会科学文献出版社（010）59367028
印　　装／三河市尚艺印装有限公司
规　　格／开本：787mm×1092mm　1/16
　　　　　　印张：12.75　字数：171千字
版　　次／2024年8月第1版　2024年8月第1次印刷
书　　号／ISBN 978-7-5228-3877-9
定　　价／128.00元

读者服务电话：4008918866

版权所有 翻印必究